King of Date
キング
オブ
デート

恋愛脚本家
ジョニー

評言社

まえがき

「恋愛には答えがある」

突然ですが、あなたはこの言葉を信じることができますか?

世の中の恋愛コンサルタントの方々は、「恋愛には答えがない」と伝えています。

なぜでしょうか。

それは、恋愛テクニックやネットにあるような情報というマニュアルも、7、8割は恋愛がうまくいく方向性を示した手段であり、最終的には、あなたとその相手の相性や雰囲気によって左右されるものだからです。

ですが、僕はこう断言しています。

「恋愛はスキルであり、デートは理論であり、恋愛には答えがある」

いいところまでいくのに、いい人で終わる。優しさと頼りなさは背中合わせなんです。一歩踏み出す勇気がなかったり、嫌われたくない、うまくいかせたいと考えすぎて、無難な選択を選んでしまい、その相手への優しさが頼りなさとなる。告白しても「友達としては嬉しいけど恋愛対象としては見えない」と振られてしまう。たまたま付き合えたとしても、長続きせずに破局する羽目になってしまいます。これらはすべて、恋愛の論理を理解していないからなんです。

僕が講師を務める恋活・婚活学校のメンバーにはこのように伝えています。

あなたの目の前に、彼女と恋愛成就するための試験問題があります。

「衣食住・趣味・学び・友人・健康・仕事・家族・恋愛のカテゴリーで、空欄に彼女が求める適当な回答を述べよ」

「相手が求めているもの」がわかって、この空欄をすべて埋めることができたら、あなたは相手にとって特別な存在になると思いませんか?

このように、恋愛の論理が理解できていれば、「**恋愛には答えがある**」と言えます。

初めまして。まずは、この本を手にとってくださって、ありがとうございます。

24時間365日、愛だの恋だの考えている、恋愛脚本家ジョニーです。

僕は男を磨く恋活・婚活学校BRIGHT FOR MENでデートメイキング講師をしています。

過去に遡ると、19年前の2005年から、大切な人、想いを届けたい人のためにデートプランを作って提供するサービスを、6000組以上の男女に提供してきました。初回デートで行き当たりばったり。デートは行くけど次に繋がらない。恋愛対象として見られない。あなたもこんな悩み、あったりしませんか？

20歳頃の僕は、このことに悩んだりしていました。あらゆる恋愛心理学をインプットしては実践してきました。頭では理解できていても、リアルのデートで試してうまくいくことが難しかったのも事実です。

でも、ある1本の映画が僕の潜在的なロマンティック思考にダイレクトにアプローチしてくれました。やばい！ こんなデートしたい！ と映画を見終わった瞬間から興奮したのを今でも覚えています。

それ以来、僕は初めてデートする相手とは毎回、告白する時のデートを想像して初回デートを考えるようになりました。まさに非常識なロマンティストバカの誕生です。

まだ会ったこともない女性との初回デートの時に、告白する時のイメージをするってどうですか？ 非常識でしかないですよね。

若い頃にたくさんの恋愛心理学を学び、実践し、それでも意図的に繋がるデートができなかった。何度も何度もＰＤＣＡを繰り返し、体系化したのが、**恋愛心理学とデートの作り方を掛け合わせた逆算デート術**です。

この本を手にしているあなたも、たくさんの恋愛心理学を学んできたのではないでしょうか。

もし、それでもうまくいかなかったとしたら、この〝デート力〟ともいえる、「デートの作り方の方程式」に当てはめれば、たとえコミュ力が低くても、イケメンじゃなくても、確実に成功するデートメイキングができます。

彼女を作ることは簡単なんだと実感できるでしょう。

僕はこの逆算デート術を使い、２０１８年より、２０２４年１月時点で１０００人を超すＢＲＩＧＨＴ ＦＯＲ ＭＥＮのメンバーと接し、カップル成立５５０組以上、成婚１２０組以上の結果を出してきました。

もちろん、これは本人たちの必死のインプット・アウトプットによるものですが、彼らが彼女を作った理由の一つとして、恋愛は感情だけではなく、理論で解決できるというジョニー流の持論を一人一人が自然と使えるようになったからなのです。

世の中の女性は十人十色、千差万別です。それは百も承知のはずなのに、毎回どんな女性にも同じアプローチをする方が目立ちます。過去のたまたまうまくいった経験をもとに、「なぜうまくいったのか」を理解していないまま、毎回毎回、自己流でアプローチしてしまう。うまくはいかないのは当然のことです。

Aさんとのデートでうまくいったから、Bさんにも同じようなデートプランにしたらうまくいかなかったという経験はありませんか。

女友達CさんにBさんとの恋愛相談をしたら「大丈夫！　いける、いける！」となったのに、Dさんに同じ相談をしたら、「いやーそれは無理だよ」と言われた。「えー、結局どっちなの？」と迷ってしまうことはありませんか。

これがまさに主観であり、人それぞれ受け止め方、感じ方の違いによるものなんですよね。その女性の過去の経験や体験からくるマイ憲法が決めた「価値観」なのです。

僕はこれまでの19年間で3000人以上の女性の相談に乗ってきて、僕個人の「主観」ではなく、経験と「Love Communication Intelligence Quotient（LCIQ）」という科学的根拠に基づいたアドバイスをするようになりました。

フィーリングが合わない相手とは、自分が自分らしくいられなくて、ただ疲れてしまうだけでうまくいかない。恋愛成就したとしても、長く継続できず、短期的恋愛で終わってしまいます。

つまり、自分に合った異性を見つけることで初めて、相手が求める回答を答えられるようになる。相手を知る前に己を知る。これが恋愛に必要な基盤になります。

自分自身がどんな人が好みで、どんな恋愛模様を好んでいて、どんな人だと居心地良く感じるのかを理解することで、その相手が求めている回答を、スコスコと各項目で埋めていくことができるようになります。これが、**告白は「一か八か」ではなく、「答え合わせになる」**という根拠です。

あなたの周りには、そもそもコミュ力が高く、感覚やセンスで会話やデートを楽しんでいる自然とモテる人がいると思います。

もしそんなモテ体質じゃなかったら…。「どうせ僕なんか」「でも」「だって」というネガティブ3大用語が先走り、その現実と理想の間で何から始めればいいかわからなくなってしまうと思います。

でも、安心してください。本書を読み進めてもらえば、モテ体質の男性が自然にできていることを、あなたでも「**スキルと理論**」でできるようになります。

「恋愛はスキルであり、恋愛には答えがある」

そう思って日々全力で取り組むことが、自然とあなたをモテ体質へと変えていきます。

付け焼き刃のような恋愛ノウハウを本で読んだりしても、その場限りで、なかなか思うような結果にはならないものです。

本書は、巷にあるような恋愛テクニック本やナンパ系、1日で彼女をゲットする方法といったような類の本ではありません。

19年間6000組以上の悩みに向き合い続けてきた僕が、科学的根拠を基に、実際にデートの心得や初回デートから告白デート、結ばれてから長く付き合う方法まで、恋活婚活学校のメンバーが結果を出し続けてきた恋愛論理のストーリーを実践式で教えていきます。

「相手が何を望み、どんな言動や行動を望んでいるか」を理解することができたら、恋愛のコミュニケーションが楽になるのです。

BRIGHT FOR MEN代表で『童貞の勝算』の著者である川瀬智広は、**彼女の作り方＝出会いの数×確率**と提唱しています。

本書を、その確率をより上げていくための実践式なデートの指南書にしてもらえたら嬉しいです。「恋愛には答えがある」そう言えるように、相手を惹きつけるデートの作り方を極めることができます！

さあ、僕と一緒に学んで、あなたの中のキングオブデートを極めていきましょう！

目次

第２章　デートは準備が８割

第3章　初回デートの心得

第4章　距離を縮める話題はこれ！

第5章　2回目デートの流儀

第6章　告白デートの論理

第1章

出会いの数の作り方

デートの作り方の本質を知ろう！

さあ、心の準備は整いましたか？

今この本を手に取っているあなたがワクワクしてくれていたら、僕も嬉しく思います。

ネット上でありふれた恋愛心理学も良いですが、実践して自分のものにするのって難しくないですか。

僕も20代そこそこの頃は、無我夢中になって恋愛心理学を学びました。

ミラーリングやら、吊り橋効果やら、ツァイガルニク効果など、ありとあらゆる心理学を試してきました。効果的と感じたもの、再現性のあるものもあれば、効果を感じないものや、再現性が難しいものなど、様々でした。

もちろん、恋愛心理学を否定するつもりはありません。むしろ、恋愛心理学は必要だと思っています。ただ、その恋愛心理学を実践してもうまくいかなかった人も多いのではないでしょうか。

また、ネットやＳＮＳを開けば、小手先の恋愛テクニックを教えている輩は相当多いです。でも、それでうまくいったという経験は多くないはずです。

なぜなら、そのほとんどが、恋愛心理学や恋愛マインドの教えであり、デートの準備や、デートの心得、初回デートの作り方、２回目に繋がるためのデートや告白デートのプランなど。具体的に教えてくれる恋愛アドバイザーが少ないからです。

多くの男性が結果を出してきた「ジョニー流デート力のメソッド、逆算式デート術」は、恋愛心理学をベースに、より再現性のある、彼女を作るまでのデートの作り方を、より具体的かつ実践的に体系化したものです。

「口説き落とす」ではなく「共に恋に落ちる」をテーマにしています。

なので、出会った当日にお持ち帰りをしたいとか、彼女はいらないけど女の子と遊べるテクニックを知りたい。こういう方にとっては、本書は退屈で仕方ないでしょう。もしそのような目的であれば、今すぐ本を閉じて、転売してください（笑）。

あなたにとっての「デート」って何？

そもそもあなたにとって、**「デートの魅力」**って何ですか？

これから、彼女を作るための「デートの作り方」をお教えしていきますが、これだけは最初に伝えておきますね。

デートは、戦いでもないし、試験でもないし、試合でもないです。ストレスを感じるものでもないし、憂鬱を感じるものでもないです。

デートの魅力とは、ドキドキ、ワクワクして楽しいもの。

「初めまして」の二人が出会うわけですが、初回デートでどう振る舞うかだけを考えていませんか？

「何を話そう？」とか、「何を質問しよう？」とか、質問をテンプレート化していませんか？

相手からどう思われるかを気にして、無難なデートになっちゃっていませんか？

デートが終わった後に、「あー楽しかった」とならずに「あー、どっと疲れた」ってなっていませんか？

これを繰り返してしまうと、脳が勝手に「**デート＝辛いもの**」と、プログラムを書き換えてしまいます。

そうすると、デートに行くことが苦痛になり、居心地が悪く感じるから、出会いに行こうともせず、趣味だけに没頭したり、美味しいものを食べまくるだけだったり、アイドルへ感情移入してしまったりと、現実逃避に繋がってしまうのです。

このような状態を、僕は「慢性的非恋愛思考」と呼んでいます。

なので、今までの経験や体験から作り上げられた、恋愛に対する固定概念を一度忘れてください。

今日からあなたにとっての「デート」とは、ワクワク、ドキドキしながら、全力で楽しむもの。そうマインドセットしましょう！

恋愛のゴールを設定しよう！

「うまくいけばいいなー」とか、なんとなく「次に繋がればラッキーだなー」とか。こんな曖昧なゴール設定では、2回目に繋がることはありません。

仮に2回目に繋がったとしても、意図的ではなく、たまたまうまくいっただけで、再現性を作ることはできません。

僕らの恋活婚活学校BRIGHT FOR MENでは、恋活や婚活を進めていく前に、必ず「**恋愛のゴール**」を設定してもらっています。

しっかりとゴール設定をしないと、知らず知らずのうちに遠回りしてしまったり、いつの間にか自己流になってしまったり、稼働と行動が追いつかずにモチベーションが下がってしまうからです。

仕事の計画の立て方や進め方、人生の目標の作り方も、逆算することから始めると思います。デートも同じです。このキングオブデートは、**非常識な逆算デート**術なのです。

なぜ逆算デートがいいのか？

あなたが初めてデートする時に、その相手に告白するデートのことを考え、そのうえで初回デートに遡り、デートを考える。

まさに、一般的には考えることがないような非常識な考え方です。

マッチングアプリで知り合って、デートの約束が取れたら、告白デートつまり3回目のデートで付き合った時のイメージをまずは作ることです。

この人とだったら、どんな告白デートをするのかなあー。

お付き合いしたら、きっとこんな感じでデートを楽しむんだろうなー。

ってことは、2回目デートは、ドライブが好きって書いてあるから、ドライブデートで◯◯に行く提案をしてみようかなー。

ってことは、初回デートは、相手の好きそうな雰囲気の良さそうな店をチョイスしようかなー。

ざっくり言うと、こんな感じでビジュアライゼーションをかけるんです。

なぜ、逆算でデートを考えるべきなのかというと、3回目のデートの仮説を立てることで、初回デートの厚みを出すことができるからなのです。

3回目のデートのことを考えている場合と、初回デートだけ考えている場合とを比べると、3回目のデートを考えているほうが、より深く相手のことを知ろうとするし、単純に考える時間が増えます。

考える時間が増えれば、**本質的な相手への興味を作ることができる**ため、デート中に自然に会話が弾むようになります。

これが逆算デート術なのです。

デートの作り方はドラマのシナリオと一緒！

あなたも、一度は連続ドラマやシリーズ系の映画を観たことがあると思います。

ここでお伝えしたいのは、デートは1回だけの短編ドラマではなく、連続ドラマでなくてはならないということです。

ドラマの1話が、登場人物もストーリーも単調だったとしたら、「2話目を見てみたい！」とか、「次回を待ちきれない！」と思うことってないですよね。

ドラマの脚本を書く時に、物語の展開やゴール設定を考えずにシナリオを作ることはありません。

料理もそうです。単品ではなくフルコース。フルコースのはじめの一品目が美味しくなければ、その瞬間に期待はずれと感じてしまったりもします。

デートもこれと同じです。

初回デートだけを考えるのではなく、3回目まで繋がった時の良いイメージを作り、**自分と相手とのデートのシナリオを書き上げてみる**ことです。理論的思考が強い男性は苦手な分野かもしれません。しかし、うまくいかなくてもいいので、逆算してシナリオを立ててみてください。

あくまでも仮説を立てるということ。

仮説を立てて、シナリオを作ることができれば、相手の本質的な部分に目を向けることができます。

相手の趣味や仕事や価値観は？

どんな経験や体験をしてきて今があるのだろうか？

そう考えると、相手の本質に興味を持ち始めます。これがデートの作り方の本質になるんです。

本書をすべて読み終わる頃には、あなたも逆算デートの作り方の術を理解できるようになるでしょう。

彼女の作り方＝出会いの数×確率

僕らの恋活・婚活学校では、彼女の作り方は、

出会いの数×確率

と教えています。

単純に、出会いの場に行った数に確率をかければ彼女を作ることができる、という理論です。

あなたは去年1年間でどれくらいの女性と連絡先を交換しましたか？

どれくらいの女性とデートしましたか？

もし、指で数えられる程度だったとしたら、圧倒的に出会いの数が足りません。

出入口という言葉は、出てから入ると書きますよね。つまり、出会いという言葉も、「出て」「会い」にいくと書くように、行動するから出会えるわけなのです。

出会いの場に自ら足を運ばない限り、「彼女ができない」と指をくわえてボヤいていたり、「でも、だって、どうせ」とネガティブな思考に囚われてしまっていては、彼女を

作るような良い出会いは生まれません。

この状況を野球で例えるなら、ヒットを打つ気は満々だけど、ネクストバッターズサークルでぶんぶんバットを振り回しているようなものです。それでは一向にボールをバットに当てることはできませんよね。

打席に立つこと＝ヒットを打つ確率が高くなります。

これと同じで、彼女を作るためには出会いの場所へ出向かなければいけません。

では、出会いの場所へ出向くだけで確率は上がるのかというと、ただ出会いにいくだけではもちろん確率は上がりません。

カーブやフォーク、ストレートの打ち方を知らない限り、いくらバッターボックスに入ってもヒットを打つことはできないでしょう。

それでは、いくら行動したとしても、時間とお金の無駄になってしまいます。

そう、バットに当てる確率を上げるためには、誰かに打ち方を教わるってことです。

あなたにまだ彼女がいたことがないのなら、それは、あなたが出会いの場所に出向いてないだけですし、あなたに今彼女がいないのなら、おそらく、彼女を作る確率を上げる方法を知らなかっただけです。

打ち方を見極め、自分がどんな球種が得意か不得意かを理解すれば、より一層ヒットを打つ確率を上げることができますよね？

本書では、彼女を作るための確率を上げるデートの作り方を、あなたが無駄撃ちして終わってしまったり、見逃し三振にならないようにお教えします。空振り三振しても、ぜひデートメイキングのバイブルにしてください。


ここで、出会いの場をざっと紹介しておきましょう。

効率的に異性の方と出会えるのがマッチングアプリ。

リアルで出会いたいのなら、恋活パーティー、婚活パーティー、街コンなど。

また、合コンや結婚相談所なども立派な出会いの場所になります。

まずは、手軽に始められるマッチングアプリと、恋活パーティーなどで、オンとオフの出会いの場を並行して増やすことをお勧めします！

出会いの数を増やしていくことが大事だということを十分理解していただいたところで、今主流の６つの出会い方を紹介しますので、把握しておきましょう。

マッチングアプリのポイントをおさえよう！

効率的に出会うのなら、マッチングアプリは、どうしてもはずせない出会いのコンテンツになるでしょう。

街コンの場合、その都度、時間とお金を使って移動して出会いの場へ行きます。そして、行った先にどんな人が現れるかわからない街コンは運次第。効率的な出会いの場かと言うと、YESとは言い切れません。

その点、マッチングアプリでは、**時間と場所を選ばずに自分のタイミングで自分の好みの女性へアプローチをする**ことができます。

マッチングアプリのメリット

①顔や職業、趣味や共通点などを確認できる
②空いた時間にアプローチできる
③「いいね！」を押せば、あなたの代わりに、寝ている間も仕事している間もアプロー

チしてくれる

④好みの女性へアプローチできる

⑤全国の人が出会いの対象となる

代表的なのは、この５つです。

①では、マッチングアプリの自己紹介文で、ある程度、顔や性格、共通点があるかないかを事前に確認できるので、ダイレクトにアプローチをすることができます。

②では、たとえあなたが仕事が忙しすぎて、街コンや婚活に行く時間を作れなかったとしても、日常生活の中で空いた隙間時間にあなた好みの女性へアプローチをすることができます。

③では、隙間時間に１００人に対して「いいね！」を押した場合、あなたが仕事中だろうが、就寝中であろうが「あなたのプロフィール」を自動的に１００人にアプローチしてくれます。まさに効率的なコピーロボットのようなものです。

④の、プロフィールを確認したうえで、自分好みのタイプへアプローチすることができるのは当然ですが、⑤の東京に住みながらも隣県の異性に対してアプローチできるのも、出会いの場の裾野を広げる意味でも十分なメリットになるでしょう。

街コン・恋活パーティーの振る舞い方を理解しよう！

実は僕ジョニーは、街コンや恋活パーティーを運営していた側なので、参加者目線とは違う効率的な出会い方を熟知しています。

そもそも、「なんとなく時間が空いたから」とか、「暇だから」とか、「なんとなくうまくいったらいいいな」という感覚で参加しても、良い出会いに巡り合うことはできません。

街コンや恋活パーティーも、「逆算」してしっかりと準備をしていくことで、他のライバルと圧倒的な差を作ることができるのです。

とはいえ、街コンや恋活パーティーは以前に比べて縮小傾向になっており、小規模開催が多くなっています。

わざわざ出向いて、行った先にどんな人がいるかは運次第だと思っている方も多く、効率的な出会いを求めるマッチングアプリが主流になっていますが、それでも街コンや恋活パーティーのメリットはまだまだあると思っています。

街コンや恋活パーティーのメリット

①直接会って話すことができるので、連絡先を交換しやすい
②共通点を見つけやすいのでデートに誘うのが容易
③恋活仲間を作ることができる
④一度に複数の異性と出会うことができる
⑤ライバル達が少ない（マッチングアプリが主流になったため）

この5つです。

出会いの主流になっているマッチングアプリですが、やはりプロフィールのインパクトで9割が決まるため、写真写りが悪い人、低身長の人、低年収の人など、情報を開示している分、アプリでは会った時の本当の魅力を出すことができず、なかなかマッチングしにくかったりします。そんなマッチングアプリで出会えない人にはお勧めの出会いの数の増やし方です。

ではここで、街コンや恋活パーティーの「繋がる確率」を上げるポイントを解説しましょう。

あなたは1か月にどれだけの異性と出会っていますか？

そして連絡先の交換をしますか？

年間どれだけの人と出会い、何人の女性と繋がりましたか？

もう一度思い返してみてください。

もし、数を数えられるくらいなのであれば、その少人数の出会いの数で、理想の彼女を作ることは難しいでしょう。

でも、街コンや恋活パーティーに参加した場合、1回のパーティーで5人の女性と話をして、全員と連絡先の交換をしたら5人の異性と繋がります。

たった1回のイベントで複数人の異性と繋がるというのは、マッチングアプリでは無理です。

でも、月1回イベントに継続して参加すれば、60名との連絡先の交換ができる。

どうですか？

想像しただけで、去年のあなたの異性との出会いの数より確実に多いはずです。

どうすればできるか？

簡単です。

行動に移すだけ。単純に行動するだけで結果は変わるのです。

行動に移せる人と、行動に移せない人とでは、出会いの数に圧倒的な差が出るのは当然です。

街コンに参加したことのある方は、「街コンに参加して連絡先を交換してもデートに誘えない」と思ったりしていませんか。

まだ参加したことのない人は、「一緒に行く友達がいないから心細い」なんて思っていませんか。

このようなイベントへ参加すると、同じ境遇を持った同性が集まるので、自然と恋活仲間が増えていきますし、デートに誘えるポイントはいくらだってあります。

オンラインデートで接触頻度を加速しよう！

コロナ禍により需要が増えてきたのが、オンライン合コンです。出始めの頃は抵抗があったオンライン合コンやオンライン飲み会のイベントも、すっかり定着し、オンラインデートは効率が良くて魅力ある出会いのコンテンツになりました。コロナ後も、オンラインやリモート文化は根付いていくだろうと思っています。

日程の調整が早くできるので、接触頻度が多くなることに加え、オンラインならではの体験型デートを楽しめたり、現実ではできないような遊び方も可能になるからです。少しデート慣れした女性にも、新鮮で記憶に残るデートになるでしょう。

僕は、2020年4月の緊急事態宣言後、あらゆる状況を分析し、どこよりも先にオンラインデートで彼女を作る方法を体系化して、マニュアルを作成しました。

実際に、マッチングアプリからオンラインデートへと繋がり、一度も直接会わずに彼女を作ったメンバーも多数います。率先してオンラインデートへ誘うことで、ライバルたちと圧倒的な差別化をすることができるということです。

オンラインデートのメリット

・外出自粛中でも関係なくデートができる
・移動時間がない
・飲食代がかからない
・相性が悪ければいつでも終わらせることができる
・実はビデオチャットはハードルが低い
・カンペを見ることもできる（トーク展開が苦手でも安心）
・自宅だから緊張せずリラックスできる
・デートに誘うよりハードルは低い（時間制限をあらかじめ伝える）
・ドリンクやおつまみに力を入れて「仮想ＢＡＲ」を作ることもできる
・会わずして付き合うこともできる

オンラインデートのポイントは、初回15分程度、2回目以降は1時間程度を複数回にすること。長時間を週に1回よりも、1時間程度を1週間～10日のうちに複数回のほうが、単純に接触頻度が増えて、二人の仲が急速に深まるという結果が出ています。

正しい合コンの作り方はこれ！

合コンで失敗…、したくないですよね。

合コンに誘われても、どうせうまくいかないだろうと、誘いを断ることはありませんか。これはもったいないです。

そして、せっかく行くならお気に入りの相手から好意を寄せてもらえるような、正しい合コンの作り方を紹介します。

合コンではイケメンだけがモテると思いがちですよね。

人は**第一印象の9割が見た目で決まる**といわれています。

その中でも5割を占めるのが顔で、確かに顔は大きな割合を占めています。

しかし、顔がかっこいい人だけが第一印象が良いわけではないのです。残りの5割は、髪型だったり、体型だったりと、他の要素があります。顔が飛び抜けてかっこ良くなくても、その人に合った洋服を着こなしていて、お洒落なセンスを持ち合わせていれば、誰でも雰囲気イケメンになれるのです。

そして、見た目も大事ですが、合コンの中での**振る舞い方や、さりげない気遣い**も大事です。

気配りのできる行動や仕草は、女性からも魅力的に映り、心惹かれる一つの要素になります。

女性に好きなタイプを聞くと、大抵が優しい人と答えます。

女性が言う優しいとは、大人数でいてもひとりでいる子に気を配っている人や、誰に対しても平等に振る舞うことのできる人や、女性の気持ちに気づいて行動できる人、リーダー的な一面があったり、まとめ役だったりします。また、先頭を切って仕切ることができなくても、細やかな気遣いや気配りができ、女心にも理解を示すことができる**外見×振る舞いの掛け合わせ**、これが大事なんです。

外見がいくら可愛くても、無愛想だったりがさつな振る舞いだったりしたら、がっかりしちゃいますよね。女性も同じです。いやそれ以上に男性の外見だけでなく中身を見ています。

外見と振る舞い、どちらも気を使いましょう。合コンで気になる相手を振り向かせる確率もかなり上がるでしょう。

会社の同僚とうまくいく方法はこれ！

気になる同僚との恋愛を成功させるためには、まずは**単純接触頻度を上げること**から始めましょう！

仕事上あまり接点がない場合も、顔を合わせたら笑顔で明るく挨拶をするようしましょう。

仕事中はなかなかプライベートや趣味の話をする機会がない職場でも、ランチタイムや休憩中、通勤時間など、会う機会があれば思い切って話しかけて、少しずつ距離を縮めていきましょう。

仕事以外の話をして興味を持ってもらったり、親近感が湧くきっかけを作り、お互いのことを知ることが大切です。

また、お酒の入る飲み会は、ほどよくリラックスできて開放的になるので、気になる女性との距離を縮める絶好のチャンスです。同僚の中に気になる相手がいる場合は、ぜひ業務外の集まりにも顔を出してみてくださいね。

結婚相談所での出会い方はこれ！

結婚相談所での出会いは、恋愛意識ではなく、結婚意識があり、ゴールまでの道筋を描きやすいのが特徴です。

女性の層も幅広く、仲人さんが仲介に入ってくれるため、スムーズにお見合いをすることができます。

簡単に言ってしまえば、**結婚意識を持った人限定のマッチングアプリ**のようなものだと捉えてください。

ただし、入会金が必ず発生するため、活動するにあたり、初期費用がかかってしまうのも事実です。

とはいえ、あなたが結婚意識を持っていて、デートした相手が結婚意識がなかったら、結婚までの期間や道のりは長くなりますし、恋愛のまま終わってしまう可能性もあります。

自分の目的に合わせた自己投資は必要であることを肝に銘じましょう。

恋活・婚活に必要な自己認識力をつけよう!

ここまでで出会いの場を把握できましたか?

ここから早速、行動に移してもらいます!と言いたいところですが、その前に必要なのが、**自己認識力**です。

自己認識力とは、恋活や婚活を進めるに当たって、自分の好き嫌いや、苦手なもの得意なもの、理想のタイプ、苦手なタイプなど、自己理解を深める力です。

ファッションの知識や、コミュニケーション能力、トーク術にテクニカルなデート術などを覚えたところで、**あなたの心の幹が細いまま**では、所詮、細い木の枝葉にたくさんの花や葉をつけて大きな木に見せているだけの男になってしまいます。

この細い幹の状態のまま婚活や恋活をしてしまうと、変わろうとしている現実の自分と、自分の理想との間に大きな溝ができてしまい、メンタルが崩壊してしまう可能性があるのです。

恋活うつや婚活うつも、これが原因で引き起こされてしまいます。

なので、今あなたが出会い方を知って、行動に移していく前に、あなたがあなた自身の良き理解者となれるようにしましょう。

自己認識力を下げる要因として、

①強い防衛本能

②現実逃避

③鈍感

という3つがあります。

幼少期、成長期、思春期から社会人へと成長していく過程で体験してきたことがあなたの固定概念を作り、その固定概念のフィルターですべての物事を見てしまうのです。

これにより、失敗することを恐れたり、無意識に無難な生活や傷つかない人生を選択するようになってしまいます。

あなたにもそんな経験はありませんか？

僕はたくさんありました。

幼少期は、常に人の陰に隠れているほどの対人恐怖症でしたし、思春期に失恋から自暴自棄になったり、成長期には自分を人と比べて劣等感に悩まされたりと、その時その時で、たくさんの失敗や辛い体験をしてきました。

当時は、その過去の記憶を消し去りたいと本気で思っていました。いつも情緒不安定で、「バカにしてきた人を見返してやる！」と常に考えていました。

でも、このような対人関係における悩みや、消し去りたい自分の過去、コミュ症などは、後から直すことができるのです。

現に、僕は今、なんの抵抗もなく人と接することができますし、むしろコミュニケーションは得意分野といえるようになりました。対人関係における悩みは解決されたと思っています。

では、どうすればいいのか。

その簡単な一例をご紹介します。

ありのままの自分を受け入れよう！

自己認識力が低い人の特徴として多いのが、**自己肯定感が低い**ということです。仕事で失敗した時や、振られた時、誰かと喧嘩した時など、それにじっくり向き合うことって辛いですよね。

辛いから向き合うことができなくて、人は現実逃避に走ります。お酒を夜通し飲むとか、スイーツを死ぬほど食べるとか、快楽の道へともう一人の自分が自然に導いてしまいます。

そして、これを繰り返してしまうことで、あなたの失敗人生という固定概念がどんどん根付いてしまうのです。

そうなると、何かに挑戦しようとした時や、いつもと違う選択を迫られた時に、「また失敗したらどうしよう」と考えて、知らず知らずのうちに心のブレーキをかけてしまいます。これが強い**自己防衛本能**として自己認識力を低くするのです。

あなたはどうでしょうか。

「でも、だって、どうせ、だけど」などの口癖がある人は、人の目を気にしてしまい、失敗を恐れて、誰かと常に比較し、強い劣等感を感じることが多いといわれています。

このように、脳内思考がネガティブになっている人は、自己肯定感が低いといえるでしょう。

それでも、今までの過去の自分の選択一つひとつが、今の自分を作っています。

例えば、最近1週間のうちに、幸福感を感じたり、達成感を感じた時はありませんでしたか。おそらく誰でも一つや二つはあるはずです。

あなたの学歴も職歴も恋愛歴も、すべては今までのあなたの思考と行動と選択によって作られたものです。

この本を手に取ってくれているあなたは、過去の自分がいなければ、この本を手に取ることもなかっただろうし、僕という存在も知ることがなかったでしょう。

まずはそんなきっかけを与えてくれていた過去の自分に感謝をしてみてください。

そして、今の自分の顔や身長や年収や学歴など、ありのままの自分を受け入れてみましょう。

たいていの悩みは、過去の自分から引き起こされる、未来の自分に対しての不安です。

でも、未来の自分を作るのも、そう、今の自分なのです。

今に集中するためにも、過去の自分に感謝してみてください。

そして、今という目の前のことに集中してみてください。

その瞬間からあなたの未来は少しずつ変化していきます。他人と過去は変えられないが、自分と未来は変えられます。

未来のことは未来の自分に任せればいい。

ありのままを受け入れ、今、目の前にある、経験や体験に集中してみましょう！

これだけでも、あなたの心の幹は強くなっていきます。

自己理解を深めるためのワーク

なんとなく恋愛を始めようと行動するものの、自己認識力が低いと、

「なんのためにこんなに頑張ってるんだ？」

「なぜマッチングしない相手に「いいね！」を押し続けてるのか？」

「なぜ次に繋がらないデートのためにお金を使ってるんだ？」

このように感じてしまうのは当たり前のことです。

そして、「これだったら、SNSで好きなアイドルにDMを送ったりしてたほうが楽しいし、リアクションあるし、裏切られない」なんていう現実逃避の考えに繋がっていき、しまいには、今の仕事の環境が悪いとか、コロナのせいだからとか、自責の念ではなく、他責の念になってしまいます。

残念ながら、この状態で恋愛を始めてもうまくはいかないでしょう。

ここでは、あなたの理想のタイプや苦手なタイプ、そして、彼女を欲しい理由を明確にするワークをしていきましょう。

「どんなタイプの女性が好きですか？」と聞かれて、すぐに答えられない人が意外と多いことに気づきます。

自分の好きなタイプや苦手なタイプを自分が理解していなければ、知り合った女性や、デートしている女性を、見た目の可愛さだけで判断することになってしまいます。

なので、このワークで、あなたの譲れない３つの理想のタイプと、３つの苦手なタイプを書き出し、どんな女性を彼女にしたいのか目的を明確にしましょう。

まずは、あなたが理想とする女性の３つのタイプを洗い出します。

理想のタイプがわかったら、次は同じように苦手な女性のタイプの３つを出します。

これで、あなたの理想の女性の譲れない３つのタイプと譲れない女性の３つの苦手なタイプが明確になりました。

あとは、あなたが恋活や婚活をしたい理由を紙に書き出してください。

今、あなたのことを見ている人は誰もいません。

周りや人の意見は気にせず、「30歳までには結婚をする！」「半年後に彼女を作る！」「理想の彼女を作る！」など、なんでもいいです。

あなたが感じる本当の理由を書き出しましょう！

ジョニーワーク1：理想のタイプと苦手なタイプを明確にする

①付箋を10枚用意する。

②付箋ひとつひとつにあなたが理想とする女性のタイプを書き込む。見た目、スタイル、性格、服装、趣味が同じとか、なんでもいいので10個書き上げる。

③書き上げた10枚の付箋を5枚ずつ2列にし、横同士でどちらか優先するほうを選ぶ。

④残しておきたいほうをとっておき、もう一方は破棄していくと、10枚から5枚に理想の女性のタイプが絞れる。

⑤次に、敗者復活です。先ほど捨てた5枚から、1枚だけランダムに取り出し、先ほどの5枚と合わせて6枚にする。

⑥この6枚を3枚2列にしてもう一度、横同士でどちらかを選び、3枚残す。

そう、この残った3枚があなたの本当の理想のタイプになります。

理想のタイプが明確になったら、苦手なタイプも同じ要領で行い、苦手な3つのタイプも明確にしましょう。

セルフイメージをもとう！

これで、自分の好きなタイプ・苦手なタイプが明確になりました。

そして、恋活婚活をする目的も、明確になったと思います。

明確にしたことで、あなたはブレない軸を持つことができました。

まずは「おめでとう！」と自分を褒めてあげてください。

これを理解していることで、出会った女性が短期的恋愛に向いているのか、長期的恋愛に向いているのかも、同時にわかります。

長期的恋愛を望んでいるのであれば、理想の３つのタイプの中で、１つしか当てはまっていなかったとしても、嫌いな部分や苦手なところが１つもないのであれば、長期的恋愛に向いていると言えます。

逆に、長期的恋愛を望んでいるのに、理想の３つのタイプすべてを持ち合わせていても、苦手なタイプが１つでも当てはまっていれば、それが後からボディーブローのように効いてきて、長続きしない恋愛を繰り返してしまう原因になります。

そしてもう一つ伝えたいのは、あなたが持つ自己セルフイメージの重要性についてです。自己セルフイメージとは、あなたが思う自分のイメージであり、他己セルフイメージは、相手が思うあなたの印象です。

あなたがもし、過去に辛い経験をしたことがあるのなら、その時のイメージが強く残り、固定概念になっているものがあるはずです。

例えば、「いじめられた経験から、他人の目を気にしてしまう」とか、「中学生の時にフラれたことで、女性と接するのが苦手になってしまった」など、このような過去の経験が原因で、大人の今になっても、無意識のうちに心のブレーキをかけてしまったりします。「今年こそは！」とか、いざ「恋活や婚活をしよう！」と意気込んだものの、具体的な行動に移せず足踏みをしてしまい、毎年、元日に決心しては、また同じ状況を繰り返してしまったりします。

ノミとビーカーの話はご存知ですか。

ビーカーにノミを入れ、ビーカーの上に透明の蓋を乗せ、そのノミが逃げ出すのか、逃げ出すのを諦めるのかを確かめた実験の話です。

最初はビーカーを抜け出そうと、必死にジャンプして飛び跳ねるノミでしたが、しばらくすると、ここからはジャンプしても逃げられないという固定概念になり、飛ぶのをやめてしまいます。それと同時にビーカーの蓋を外すと、ノミは飛び出すどころか、一向にジャンプする気配もなくなるのです。人間でいう過去の経験からくるトラウマと同じことなんですよね。

しかし、その同じビーカーへ、蓋があるという認識のないノミを加えてみたところ、いとも簡単にビーカーから逃げ出しました。それを見た、いったんは逃げることを諦めたノミが、再びジャンプし始め、無事にビーカーから抜け出すことができたのです。

これが、ビーカーに蓋があるという固定概念を持つノミと持たないノミの思考の違いです。

「でも、だって、どうせ」が口癖で、何をやってもうまくいかない。そのような自己セルフイメージを持っているわけです。でも、ビーカーから抜け出せるノミを見て、「もしかしたらここから逃げられるのでは？」と初めて気づくことができるのです。

そこで、あなたに毎日取り組んでもらいたいことがあります。

一つは自分を10回褒めること。もう一つは誰かに感謝をすること。

大それたことでなくていいのです。

例えば、「目覚まし時計を使わずに起きられた。俺すごい！」でも、「残業せず時間通りに帰れた。俺すごい！」でもいいのです。

また、当たり前に過ごしていることに感謝をしてください。

「有難う」という感謝の言葉は、有ることが難しいと書いて、「ありがとう」と読みます。コンビニでレジを打ってくれる店員さん、毎日、仕事場へ連れていってくれる電車の運転士さんなど、いつも当たり前にスルーしていることに感謝をしてください。

この2つを習慣化できれば、あなたは他人にフォーカスすることなく、自然と自分にフォーカスできるようになり、自己セルフイメージが高くなります。

また、エネルギーレベルの高い人、自己肯定感が高い人の近くにいることが、あなたの心のブレーキを外せる近道になります。

「そんな感謝するような相手はいない」という人は、ぜひこの本書を強いセルフイメージを持った相棒だと思って大切にしてください！

本書を最後まで読んでいただけたら、今までのデートがうまくいかないという固定概念はとれ、そこから抜け出せるように導いてくれるはずですから。

デートのための習慣化を意識しよう！

「意識」の中には、顕在意識と潜在意識があり、割合にすると、顕在意識が10％、潜在意識が90％ともいわれています。

そして、僕らの意思決定の8割は、実は潜在意識（無意識レベル）が決めています。

この、「潜在意識」は、付け焼き刃的な意識ではなく、常に日常的な自分が無意識でとっている「習慣」で作り上げられています。

つまり、デートの時だけ「○○しよう！」と取り繕ってしまうと、ふとした瞬間にあなたの素が出てしまうわけなんですね。

例えば、

・食べ方が汚い
・姿勢が悪い
・声が小さい
・笑わない

・リアクションが少ない
・エスコートが苦手
という自分の弱点があった場合、デート中には、
・食べ方に気をつけなきゃ
・姿勢を良くしなきゃ
・声を大きくしなきゃ
・笑顔を出さなきゃ
・リアクションしなきゃ
・エスコートしなきゃ
と、心掛けるはずです。

でも、最初はほどよい緊張感から意識して直せていたものが、2時間のデート中の心が緩んだ時に、継続できず、ふとした瞬間に素の自分（潜在意識）が出てしまいます。

すると、最初に良い印象で会話を楽しんでいた女性も、その小さな変化に気づきます。「あれ？ なんかさっきと違う？」これが違和感に繋がり、相手に「ちょっとしたストレス」を与えてしまいます。

次に繋がらないデートの原因の大半は、この「ストレス」を与えてしまうことです。

逆にいえば「ノーストレス」なら断る理由がないので､次のデートに必ず繋がります。

つまり、あなたの「習慣」が潜在意識を作り上げ、すべての無意識レベルを日常化させるんです。あなたに、
直さなきゃいけない！

変えなきゃいけない！

変わらなきゃいけない！

というものがあったら、普段から意識しなくてはいけないということです。

デートだけでなく、普段から、**デートのための習慣化を意識しましょう！**
・一人ご飯する時「食べ方」を意識する
・読書している時に「姿勢」を意識する
・会社に出社したき「おはようございます！」と大きな声を出す
・毎朝毎晩、鏡の前で「笑顔」の練習をする
・会社の同僚、知人との会話でコミュニケーションを意識して話す
このように習慣化させていくことで、無意識レベルにインストールされてきます。

頭ではわかっているけど、なかなかうまくいかない。そんな方は、無意識レベルで行えるように習慣化していきましょう。

筋トレ、美容、趣味を作ることだけが自分磨きではないんです。なんでもない毎日をどう過ごすか。これこそ究極の自分磨きだと僕は思っています。

昨日より今日、今日より明日。毎日の積み重ねが未来のあなたを作ります。

まさにあなたの日々の裏舞台が、デートの表舞台の結果を左右する。

さあ、次はいよいよデートの準備に移っていきましょう！

第2章

デートは準備が8割

デートは準備で8割が決まる!

さあ、あなた自身を知り、そして出会いの確率を上げる方法がわかったら、いよいよデートです。あなたはデートまでの準備にどれだけ時間をかけていますか?

「とりあえず、慣れた店に行こうかな」

「適当に行き当たりばったりで楽しもう」

「会ってから行きたい店を聞いて連れてってあげればいいか」

残念ながら、このような考え方ではデートは必ず失敗します。

どんなにあなたがイケメンだろうと、どんなにあなたがお洒落だろうと、どんなにあなたが収入が多くて地位が高かろうと、2回目に繋げることはできません。

デートは準備で8割が決まる!

これができるかできないかで、相手に与える印象は大きく変わります。たとえあなたがイケメンじゃなくても、お洒落じゃなくても、高収入じゃなくても、デートの勝算は高くなります。

デートの目的を明確にしよう！

マッチングアプリや合コンや街コン、婚活パーティーや知り合いの紹介など、今や「出会いがない」などと言えないくらい、出会いの場は数多くあります。

では、あなたにとって、デートとの目的とは何ですか？

マッチングした人や知り合った相手とデートすることですか？

理想の女性と楽しく食事ができればそれだけでいいですか？

どれも違います。

デートの目的は「２回目のデートに繋げること」です。

この「２回目のデートへ繋げるんだ！」という気持ちを持って準備をしなければ、相手に刺さるデートを作ることはできません。

これを大前提として捉えておきましょう！

デートプランとデートメイキングの違いとは？

なんとなくのデートプランではなく、**意図的に2回目に繋げるためのプラン**を立てることを、僕は**デートメイキング**と呼んでいます。

カップルのデートは、デートプランですが、あなたは、2回目に繋げるデートを論理的に作らなければいけません。

なんとなくデートが決まり、なんとなくの服装で、なんとなくの店を選び、会話もなんとなくその場の雰囲気に任せて、なんとなくのデートをしていませんか。

これは圧倒的に不利だし、もったいないです。もちろん、このなんとなくのデートをして、たまたま付き合うこともできるでしょう。でも、その後、また「なんとなく別れる」を繰り返してしまうと、「恋愛下手の癖」がついてしまい、逆効果になります。

デートメイキングとは、2回目に繋げることや、「もしかしたら告白する相手になるかもしれない」と思って、意図的に初回デートでやるべきプランを考えること。

これが、恋愛には答えがあるという理由の一つになるのです。

デートは感情と情報の組み合わせ！

男性脳と女性脳の違いは、ご存知かと思います。

男性脳は**理論達成型思考**と呼ばれ、女性脳は**感情共有型思考**といわれています。

よくあるデートメイキングの失敗は、この男性脳特有の情報だけをかき集めて、デートをしてしまうことです。

例えば、服装や店、待ち合わせなど様々な情報を組み合わせて、完璧なデートメイキングができたとしても、「感情」が乗っかっていないと、相手の心を動かすことはできませんよね。

だからこそ、デートは情報だけではなく、「彼女に楽しんでもらいたい」「彼女と仲良くなりたい」という感情を乗せることが大切。

その結果、しっかりと相手にあなたの思いを伝えることができるのです。

女心を理解しよう！

「この店を予約しておけば喜ぶだろう」
「歩道側をエスコートすれば喜ぶでしょ」
「とりあえず褒めておけばいいでしょ」
など、すべてが上っ面な考え方で行動すると、一瞬にして、女性から見破られることになります。

多くの女性は小さい頃からディズニーワールドが好きで、シンデレラストーリーに出てくる王子様に憧れを持っているものです。

見た目や社会的地位だけじゃなく、相手の気持ちを理解してくれる王子様のような存在、つまりは、思いやりのある人を好きになるのです。

デートも上っ面なデートプランやコミュニケーションではなく、本質的に相手を想う気持ちが大切だということを忘れずに！

1／120000000の確率に感謝しよう！

僕がBRIGHT FOR MENのメンバーに、常に伝えていること。

それは、「デートに行く時は、**一億2千万分の1の確率でデートできることに感謝を**しましょう！」ということです。

今では、SNSを使えば、どこにいてもスマホや携帯ひとつで、全国の異性と出会うチャンスはあります。

そんな昨日まで知らなかった異性と、連絡を取り合うようになり、メッセージを重ねて、デートをする。その瞬間1億2千万分の1の確率で会えていると思ったら、こんなにロマンティックで奇跡的なことはないと思いませんか？

ですから、デートできたことを当たり前と思うのではなく、デートできたことに感謝をすること。そうすれば、自然と相手の立場になってデートプランを考えられるようになります。

デートの脚本を考えよう！

僕は恋愛脚本家という肩書きで2005年から活動しています。主にカップルや男女、それぞれにあったリアルな恋愛脚本を書いてきました。そのなかで見出したのが、デートの勝算の確率を上げるための、より理論的な考え方です。

例えば、サッカーの試合で、選手が「初回の試合の目的は？」と聞かれたら、迷わず「2回戦へ進むこと」と答えるでしょう。

なのに、相手の情報を調べずに、運任せや「その時のフィーリングで決めます！」みたいな態度で試合に挑みますか。そんな感じでは挑みませんよね。相手選手の特徴や癖やパターンなど多くの情報を調べ、それを踏まえて、どうやって攻めて、どのように守るかを考えるはずです。

逆に、戦術や戦略を考えずに、その場の雰囲気で勝てればいい。そんな戦い方では、絶対勝てるわけないし、2回戦へ進むことはできません。

デートも考え方は一緒です。なんとなく名前と職業と趣味だけではなく、

「何を話したら喜んでくれて、どんな話が弾むんだろう？」

「どんな質問が、一番話したいことなんだろう？」

そうやってその相手の背景、文化、経験を想像すること。

これが情報のピックアップとなり、**本質的な人物像**が見えてきます。

相手の情報をピックアップできたら、あとは戦略です。ざっくりと、

「どんな会話をすればいいのか？」

「どのような展開になるか？」

「相手からはどんな質問が来るのか？」

「その答えはきちんと返せるのか？」

「恋愛トークは？」

2回目に誘うための共通点探しや、体験型デートのお誘いなど、脳内シミュレーションをして、複数通り考えることが大枠のデートメイキングの作り方になります。

このようにあれこれ一生懸命に考えることで、店選び、当日のエスコートや会話の中から相手に「私は特別扱いされているんだ」と感じさせることができる。これが次のデートへ繋がる確率を高くするのです。

デートの台本を考えよう！

脚本ができたら、次に台本です。

ストーリーができ上がったら、セリフですね。

と言っても、セリフを作ることではありません。会話の大枠の流れをつかむことです。会話のテンプレートを用意してデートに臨んでいたり、どんな女性にも質問する内容が一緒だったとしたら、2回目に繋がる勝算が低くなるでしょう。

デートの台本は、**マインドマップ**という手法を使って作ります。

マインドマップとは、脳内にある情報をアウトプットすることで整理する方法です。マッチングアプリや結婚相談所で知り合った女性なら、プロフィールをしっかり読み、相手の仕事・趣味・性格・友達・共通点など、得られる情報をすべて紙に書き出します。書き出したうえでどんな人物像かをイメージするのです。

そうすることで、どんな経験や体験をして今があるのか、どんな性格の人なのかなど、相手に興味がわいてきて、本質的に聞きたいことが浮かび上がってきます。

ジョニーワーク２：デートマインドマップ

相手の情報を紙にアウトプットし、デートマインドマップを仕上げてみよう！

①プロフィールから得られる情報をすべて書き出す。

②書き出したうえで、何が的を射た質問になるかを想像する。

③そこに、会話の基本となる５Ｗ１Ｈを付け加える。

④連想ゲーム的に５Ｗ１Ｈを繋げていく。

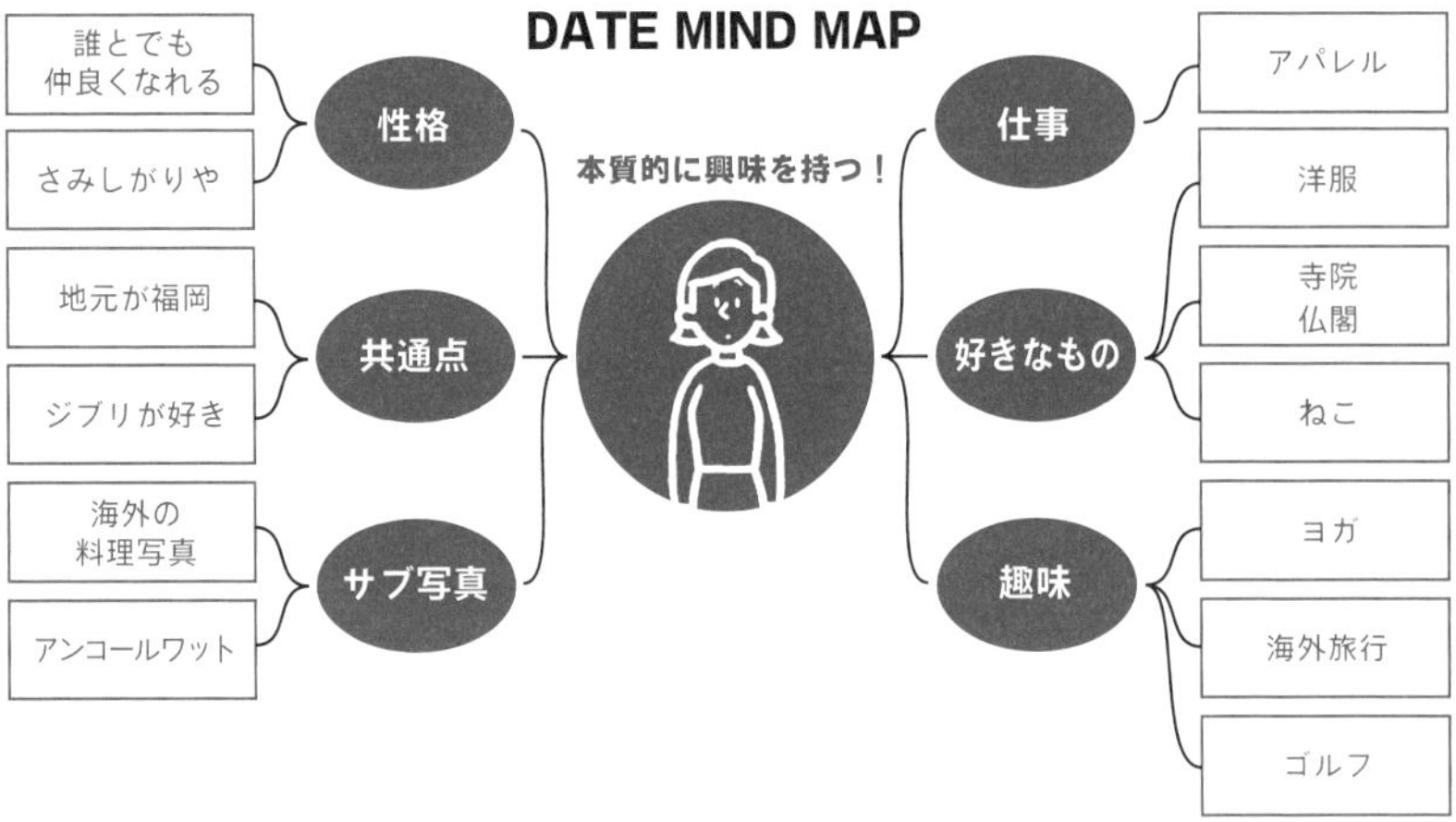

初回デートは腹八分目に！

突然ですが、あなたの好きな食べ物は何ですか？　思い浮かべてください。

思い浮かべましたか？

それでは、その好きな食べ物が極上の食材で作られた一級品の料理だとしましょう。具体的に想像してくださいね。嬉しいですよね？

では、逆に、その極上の一品の総グラム数が1キロだったらどうですか？

最初の一口は美味しくて感動し、テンションも高いと思いますが、最後には美味しさよりも苦しさのほうが強くなりますよね。

そのタイミングで、「来週もこの店に来ませんか」と誘われたら、あなただったら喜んで行きますか？

おそらく答えはNOだと思います。ちょっとお腹いっぱいだから、しばらくは遠慮したくなりますよね？

デートも一緒です。初回デートは物足りなくさせることがポイントなんです。

初回デートが物足りなかったからこそ、
もう一度会ってみたい
もう少し話してみようかな？
もっと知りたいかも？
に変わるのです。

ダラダラと長時間のデートをしてしまうと、「あなたのことは結構知ることができたし、違う男性も気になるから、しばらくはいいかな〜」と、ストックフォルダーへ入ってしまう。

だから2回目に繋がらないのです。

これが、初回デートに長時間費やしすぎてしまい、仲良くなっていたはずなのに、なぜか次に繋がらないロジックなんです。

物足りなさを意図的に残すデートを心がけることを忘れずに。

タイムテーブルは逆算しよう！

さあ、久しぶりのデートやマッチングアプリなどで出会った人との初デートの時に、「できるだけ長く一緒にいたい！」そう思うのは当然のことです。

「一緒にいればいるほど、恋に落ちる可能性が高くなるのでは？」と思ってしまいがちですが、それはコミュ力の高い男性が行える自然なコミュニケーションです。会話のテンポが良く、会話の展開もあり、飽きさせることなく魅了させることができるから。

あなたがこのようなタイプなら、自然に次に繋げることができるため、初回デートの時間は気にしなくていいです。

逆に、コミュニケーションに不安を持っているような人や、いつも空回りしている人は、終わりの時間から逆算することに徹してください。

「2時間半以上の恋愛におけるコミュニケーションは、その仲をそれ以上深めることはない」

コミュ力の低い人は、このように捉えてください。

初回のデート2時間半だと考えて、プランを立てましょう。

19時スタートなら21時半まで。

この21時半の段階で2回目のデートに誘って、ＯＫが出ている状態。これがゴールです。

終了時刻から逆算して、待ち合わせ場所や会話の展開、その後の行動を考えておきましょう。

「いや、でもそれだと、21時半でさよならを告げるのは、逆にあなたに興味がなかったって思われちゃいませんか？」という意見もありますが、大丈夫です。

この場合、21時半の時点で、**次回のデートの約束をしているというのがポイント**になります。

次のデートの約束をする会話の展開については、第3章で詳しく解説していきます。

ジョニーワーク3：デートタイムテーブル

デートのタイムテーブルを逆算して組み立ててみよう！

初回デートは女性への対価!

いざデートが決まったあなたに取り組んでもらいたいのが、店選びです。

デートの会話も大切ですが、特に初回デートでは、「何を話したか」より、「**どんな印象を残すか**」のほうが圧倒的に大切なポイントになります。

例えば、次のようなパターンをみてください。

「私、パスタが大好きなんです!」

「そうなんですか。僕も大好きです! よかったらパスタを一緒に食べにいきませんか?」

「いいですよー! 行きましょう」

とデートの約束が決まり、連れていった店が「ファミリーレストラン」だったら、女性はどんな気持ちになりますか?

間違いなく、テンションは下がり、あなたに対するイメージも下がります。

なぜでしょうか? それは、あなたが選ぶ店が、女性への対価に直結するからなのです。

もっと簡単に言えば、「この店はあなたにぴったりだと思って選びました！」という無言のメッセージになるというわけです。

「いやいや、さすがに、デートでファミリーレストランには連れていきませんよ」と思ったあなた。チェーン居酒屋や行きつけの店など、初回デートで連れていってはいけない店をチョイスしてはいませんか？　これらの店も同様になります。

別に、ファミレスが美味しくないとか、居酒屋がマズイとか言っているのではありません。それらはどちらも普段から行っている「日常使いの店」だってことです。

いいですか、これだけは理解しておきましょう。

女性は、どんな男性が相手であっても、デートにはお洒落を意識して来るのだと。

もしかしたら、あなたとのデートの1週間前に洋服を新調しているかもしれないし、美容院やネイルに行ってお洒落をしてきているかもしれません。

そんな女性の気持ちを裏切るかのように日常使いの店に連れていったら、あなたの相手に対する本気度は疑われ、「私ってその程度に見られてたのね」と思われてしまっても仕方ありません。表情に出さないにしても心の中でそう思うものです。

これって、まだあなたの魅力を出す以前に、期待感というスイッチをオフにさせてしまうんですよね。

特にコミュニケーションは問題ないのに、会話も盛り上がったのに、なぜか次に繋がらないという人は、**この女性への対価になる店選びで失敗している可能性**があります。

まず、男性と女性の食に対する考え方の違いを理解しておきましょう。

僕が恋活パーティーでアンケートをとった男性の好きな食べ物ランキングは、1位ラーメン、2位カレー、3位牛丼でした。男は安くてうまくて早いが好きなんですよね。ところが女性の好きな食べ物は、1位肉、2位パスタ、3位スイーツだったのです。

これを見る限り、男性が「お腹を満たすこと」なのに対して、女性は「心を満たすこと」が食事の目的だということがわかります。

女性は、美味しいものを食べながら、大切な人とゆっくり時間を共有できることを重視しているのです。このことを理解して店を選ぶことから始めましょう！

ジョニーワーク4：デートの店選び①

あなたのエリアで、肉・パスタ・スイーツの店をピックアップしてみよう！

正しい店の選び方を理解しよう！

初回のデート＝女性への対価ということを理解したうえで、どんな店を選べばいいのか。気になりますよね。

まずは、第一前提として、相手に苦手な食べ物や控えている食べ物があるかどうかを聞きます。

あとは、肉（焼肉は匂いを気にする方がいるので除く）なのかパスタなのか（この場合、イタリアンがベスト）など、根掘り葉掘り聞かずに、「気になっているイタリアンがあるので一緒に行きましょう！」とさりげない誘い方で提案します。

店選びのポイントは３つ。**①料理、②サービス、③雰囲気**です。

この三拍子揃った店をチョイスしましょう。

料理は、「和洋折衷、何でもありますよー」という店より、名物料理やメインのお勧め料理がある店がいいでしょう。例えば、和牛１００％でジューシーなハンバーグが売りとか、イカスミパスタが濃厚で美味しいなど、わかりやすいといいですね。

②のサービスは、せっかく料理が美味しいのに、愛想のない接客だったり、提供が遅かったりしては、デートの雰囲気が台なしになる可能性があります。
そして、③の雰囲気は、料理とサービスが良くても、煌々と明るい店内では、ドキドキ感やワクワク感がなくて、恋愛トークも弾みにくくなります。照明が明るすぎない内装のお洒落な店を選びましょう。

このように三拍子揃った店を選ぶには、口コミサイトや食べログサイトを参考にするといいです。お勧めの料理や、店内の雰囲気、外観の印象、口コミなどによって情報を得ることができます。

次のポイントは席です。

初対面の初デートで向かい合わせのテーブルを選んでいないでしょうか。

これも間違いです。

初回デートはお互い緊張しているし、食べ方や口元を見られることや、目を合わせることが苦手な女性もいたりします。

席選びのポイントは「**カウンター席**」か「**L字型テーブル**」を選びましょう。

カウンター席は自然と横隣になって距離感も近くなり、パーソナルエリアに自然に入ることができるので、女性への配慮もできて、スマートなデートになります。

また、カウンター席がない場合は、４名がけテーブルで、90度で座れるL字型のテーブルをチョイスしましょう。こちらも対面式ではなく、目を合わせたり外したりが自然にできます。

まとめると、初回デートのポイントは、①苦手なものをヒアリングする、②三拍子揃った店を選ぶ。③カウンター・L字席をチョイスする。

これを外さなければ、相手に与える印象はグッと良くなります。

ジョニーワーク5：デートの店選び②

食べログサイトを使って、三拍子揃った店をピックアップしてみよう！

ロケハンは君を裏切らない！

デートは準備が8割です。

ロケハンは、準備には欠かせないポイントになります。

デートのロケハンでは、ネットでお店の情報を調べるのはもちろんのこと、事前に現地に赴き、待ち合わせ場所から店までの道のりや、歩道が狭い、車通りが多いなどを実際に把握しておくことです。

デートシーンのどんなイレギュラーな事態にも柔軟に対応できるようにしておくことが大切なのです。

ロケハンの要点をまとめると、以下のとおりです。

①待ち合わせから店までの道のりを事前に把握
↓スマートになる
②店の雰囲気をネット上で確認
↓雰囲気にのまれない

③店の推しメニューの確認

↓リード感に繋がる

④当日現地に30分前入りして確認

↓臨機応変に対応でき余裕が持てる

せっかく女性が喜ぶ店をチョイスできても、店までの順路を間違えたり、地図を見ながら探したり、やっと着いたら裏口に来ちゃったり。これではスマートなデートのスタートはきれません。

そんなことにならないためにも、この４つのポイントは必ず怠らないようにしてください。

この小さな積み重ねが、ライバルと差をつけ、デートの勝算に繋がります。

ロケハンは、決してあなたを裏切ることはありません。

デートまでのやりとりをマスターしよう！

さあ、デートの約束ができて、店もチョイスできたから、もうデート当日までひと安心。そう思ったら、大間違いです。

デートが決まった時点で、デートはスタートしています。相手が知らないところで、あなたが相手のためにどのくらい考えているか。これが重要なのです。

デートが決まってからのメッセージのやりとりのポイントを載せておきます。

まず、当日まで何も連絡しないのは言語道断です。相手への配慮もなければ、適当に扱われていると思われてしまっても当然です。

では、毎日メッセージをやりとりすればいいのかというと、これもダメです。

なぜかと言うと、メッセージをしすぎると、当日話す内容がなくなったり、「相手を知りたい！仲良くなりたい！」という感情が低くなってしまうからなんです。

では、仮に1週間後のデートだとして、ベストなやりとりがこちらです。

①店を予約したことを伝える
②２、３日前にリマインド連絡をする
③前日に楽しみにしていることを伝える
④当日、待ち合わせの詳細を伝える

この４つの流れはお忘れなく！

せっかくデートが決まったのに、店選びをギリギリまでしなかったり、店を予約したのに、予約したことを伝えなかったら、相手への本気度が低いと思われてしまいます。

デートに誘ってＯＫがもらえたら、遅くとも24時間以内に店を選び、予約して、予約完了したことを伝えましょう。

そして、週の半ばあたりに、ドタキャン防止のためにも、リマインドのために連絡を入れます。「予定通りで大丈夫ですか？」という確認です。でも、これだけだと仰々しくて硬いイメージになるので、相手を思う気遣いの言葉を加えて送りましょう。

「最近、急に寒くなってきたけど、体調崩したりしてませんか？　〇〇日は予定通りで大丈夫ですか？」

大抵は「お気遣い、ありがとうございます！　大丈夫ですよ」と返信が来ます。

そして、前日の連絡です。遠足や誕生日、大事なイベントの前日には高揚感が一番増しますよね。これを「**イブ理論**」といいます。

相手も、あなたとのデートに「どんな服を着て行こうかな?」「どんな靴履いて行こうかな?」と楽しみに準備をしているはずです。

この時に、翌日の待ち合わせ場所の詳細と、「明日、楽しみにしています」という気持ちを伝えると、相手への思いやりも伝わり、より高揚感を与えることができます。

そしていよいよ、当日です。

待ち合わせでグダッてしまうと、その後のデートが台なしになります。ロケハンでも伝えたように、時間には余裕を持って行動しましょう。

そして、「西口の改札を出て右にあるみどりの窓口の前で待ってますね! ちなみに、ネイビーのジャケットに白パンを履いているのが僕です。着いたら僕から声をかけるので連絡ください」というように具体的に自分の服装や目安になる詳細を伝えましょう。

デートが決まってからのこのやりとりが紳士的にできると、ライバル達と差をつけることができます。ちょっとしたやりとりが、次に繋がる勝算になります。

デート前の身だしなみチェックを忘れずに！

「デートは準備が８割」の中で、最後に準備しておくべき忘れてはいけないポイントは、**身だしなみのチェック**です。

コミュニケーションスキルのひとつである「**メラビアンの法則**」というのをご存知でしょうか？

人は見た目が９割といわれる根拠が、見た目や、表情、視線や仕草が与える**視覚情報55％**、声の質や大きさ、話す速さや口調などの**聴覚情報38％**、会話の内容や言葉の意味などの**言語情報７％**です。つまり、会った時のあなたの第一印象は、視覚情報と聴覚情報で93％が決まってしまうのです。

女性が求める見た目の印象でダントツ一位なのが、**清潔感**です。

髪型がセットされて整っているか、髭の剃り残しや、眉毛のうぶ毛が生えてないか、シワのない洋服や、汚れのない靴やバッグを用意できているか。

これらは、できるだけ前日に準備することをお勧めします。時間と心に余裕がないまま、当日に準備をしようとすると、忘れ物をしたり、遅刻しそうになって、イライラしたりと、いいことは一つもありません。

これらも、デートに対するエチケットだと思ってしっかりと準備をしましょう。

何を確認したらいいのか思い付かない人のために、付録として最後にデート前チェックリストを紹介しておくので参考にしてください。

第3章

初回デートの心得

デートメラビアンの法則をマスターしよう！

さあ、いよいよ、デート当日です。

「メラビアンの法則」は理解していただけたと思います。

ここでは、デートメイキングにその日のデートの期待感を「会ってから10分」で与えることができる「**デートメラビアンの法則**」を紹介しましょう。

結論から伝えると、

待ち合わせから店に入って注文をするまでの約10分の間に、相手に与えるその日のデートの印象が決まってしまう。

ということです。

その４つのポイントをお伝えします。

ポイント1　待ち合わせ─笑顔・目を合わせる・感謝の気持ちを伝える

まずは、待ち合わせ場所で会った瞬間にやるべきことです。

それは、**満面の笑顔**です。

笑っている人と笑っていない人では、相手に与える安心感が大きく変わります。

「３・３秒相手の目を見つめると信頼感を与えることができる」

とよくいわれます。

そして、休日にお洒落してデートしてくれることに感謝の気持ちを込めて、

「今日はありがとうございます！」

という一言を伝えましょう！

これだけで、相手に与えるファーストインパクトは、清潔感・季節感のあるコーデともあいまって好印象となり、その日のデートのベースができ上がります。

これをやる・やらないが、その後のデートの展開や今後の展開まで左右しかねませんので、重要な部分です。

ただし、注意しなければならないのは、「相手もコミュ障の場合がある」ということです。

目を合わせて話したら相手が視線をそらした場合、「あれ？　僕イメージ悪かったのかなぁ」って心配になってしまいますよね。

でも、相手に悪気があるわけではなく、コミュニケーション能力が低かったり、照れて目をそらしてしまうことも多いので、深く考えすぎないこと。

自分がブレないコミュニケーションを取っていれば、必ず返報性の法則が働きますので安心してください。

ポイント2　アイスブレイク――呼び名を提案する・外見を褒める

この2つがポイントです。

メッセージやLINEでのやり取りでお互いの名前は呼び合っていると思いますが、会ってすぐに下の名前を呼び合う提案をしないと、「デートは楽しめたけど、一言も名前を呼ばなかった…」なんてことになっちゃいます。

ましてや会話の途中から「お互いなんて呼び合いますか？」なんて聞けないし、自分だけ「○○ちゃん！」と呼んでみても相手から何の反応もないこともよくあります。

だからこそ会ってから店にたどり着くまでの道中で、アイスブレイクを取りつつもお互いの呼び名を改めて決める提案をしましょう。

なぜ名前で呼び合うといいのでしょうか。

それは、下の名前で呼び合うことでお互いに「**安心感」を得られる**ということが心理学的にも立証されているからです。

これさえできれば、店に入ってからのコミュニケーションがめちゃくちゃとりやすくなるし、敬語外しもしやすくなる傾向にあります。

また、**褒め言葉もポイント**の一つです。

褒められて嫌な気持ちになる人はいません。ここでは「さり気なく褒める」ことを意識しましょう。

例えば、車道から歩道側へエスコートした際などに、靴やバッグなど持ちものを褒めたり、「笑顔が素敵です」などとさりげなく外見を褒めましょう。特に「よく似合ってます」と付け加えるとさらに好印象を与えることができます。

ちなみに、褒め言葉ですが、無理に褒めると逆効果（見た目だけで判断する人）になりがちです。ポイントは、「今、目に入ったから思わず褒めてしまった」という感じが理想的です。

そして、本心からそう思える時だけにするというのも重要です。

ポイント3　リードスマートエスコート—ボディーガードになる・What she wants を常に考える

３つ目のポイントはエスコートです。

女性は、初めて会う男性から自然なエスコートをされることで「男の色気」と「余裕感」を感じ、「幸福感」が増す、という心理学的データがあります。

そのくらい初回デートにおけるエスコートは大切なポイントになります。

ですが、「やらなければならない」という気持ちでエスコートするのは逆効果。変なタイミングでおかしな動きをしたり、ぎこちなくなったりしてしまいます。

なので、会った瞬間から、その女性のボディーガードになるつもりで接しましょう。

ボディーガードは、どんな状況にも対応できるように、３６０度に神経を張り巡らせ、遠く離れた人の口元の動きや目線までもチェックしながら、万が一の危険から守っていますよね。

あなたがもし、ボディーガードだとしたら、車道ではなく歩道を歩かせるのは当たり前だし、椅子を引いてあげたり、空調を気にしたりするのも当然でしょう。

つまり相手が「**今何を望んでいるのか**」を考えて、相手に「楽しんでもらいたい！」

という気持ちで接すれば、「やらなきゃ！」という上っ面な心ではなく、「女性のために
こうしてあげたい！　楽しんでもらいたい！」という本心からのエスコートができるよ
うになります。

そう、「What she wants」の考え方にも繋がりますよね。

今一度、あなたがしているエスコートは、本心からなのか、上っ面だけだったかを振
り返ってみましょうね！

ポイント４　呼び名の文化を作る――注文時に下の名前を呼ぶ・会話の文頭に下の名前で呼びかける

次のポイントは、お互いの呼び名の文化を作ることです。

アイスブレイクの時に呼び名を提案してあるので、あとは実際に呼び合うための流れ
を考えてみます。

店に着く前の段階で「お互いの呼び名」を提案しました。その延長線上で、店につい
てからの注文時に早速名前で呼ぶ癖をつけてください。

なぜなら、相手の名前を呼ぶタイミングをつかみやすいのが、注文時の会話になるか

らです。

例えば「○○さんってお酒飲めますか?」とか、「○○さん、苦手なものありますか?」というように、話しかける文頭に名前を呼ぶことで、その日のデートで名前を呼び合う文化を早い段階で作ることができます。

これができないと、店に入って1時間経った時点で(あ、名前呼んでなかった)と気づくことになります。一度タイミングを逃してしまうと、慌てて名前を呼び始めても、相手も返しにくくなります。

呼び名の提案をし、早い段階で呼び名を伝えることで、返報性の法則も働きやすくなり、早い段階で**お互いの名前を呼び合う文化を作る**と、そのあとの会話がスムーズに進んでいきます。

ポイント5　店の雰囲気―視覚情報は、あなたの武器にもなる

55%は視覚情報で決まります。

これは、決してあなたの見た目やファッションだけではありません。あなたの背景となるお店の雰囲気や照明などで、さらに印象を良くすることができるということです。

見た目やファッションに自信がないのであれば、お店の雰囲気も自分の武器にしてしまいましょう。

その効果は絶大で、すぐに相手の反応が良くなることを実感できるでしょう。

以上の、「デートメラビアンの法則」と呼んでいる5つのポイントを、出会ってからたったの10分間で行うことで、相手に、「今日のデートは楽しくなりそう」と感じさせることができます。

まだ何も話していない段階からデートを好印象にすることができるので、実践してみましょう！

ジョニーワーク6：ファーストインパクト

鏡の前で口角を上げて笑う練習をしよう！

話している時の自分の笑顔を自分で見ることはできない！

マヌケにならないよう気をつけよう！

男女の相性ってフィーリング、つまりはお互いの間のことです。

お互いの距離感が合わないと、なんかちょっと違うなーと思われてしまうものです。

もっと細かく言うと、声のトーンや、会話のスピードやテンポなどが同じ人には一緒にいてストレスを感じず、居心地良く感じるものです。

例えば、声が大きくて早口で話すタイプの人と、声が小さくゆっくり話すタイプの人が、デートしたところを想像してください。

全くバランスが取れませんよね。

デートメイキングで大切なのは、あえて意図的に次に繋がるプランを考えること。

あなたが意識して、相手の雰囲気に合わせるデートをすることから始めてください。

「相手が自分に合わせるべき」とか「合わせるなんてしたくない」。そう思うのではなく、意図的に次に繋げるためには、まずは相手を振り向かせなければいけない、ということをお忘れなく。

相手のコンフォートゾーンに入ろう!

2回目に繋がらない人たちが思わず見落としがちなポイントについてお話しします。
それが「ノーストレス理論」です。
これは、ストレスをひとつも感じないデートができたら、次に繋がる確率が上がるという理論です。
例えば・予約が取れにくい人気のお店を予約できて期待を膨らませて店に行った時、
料理は美味しいけど→欲しいタイミングでチェイサーを注いでくれない
料理は美味しいけど→来てほしいタイミングでウェイターがいない
料理は美味しいけど→ウェイターの余計な一言が多い
というように「料理は美味しいのに」「サービスが良くないね」とストレスを少しでも感じたらどうでしょう?
あ、この店は僕には合わないなーってなり、わざわざ また再訪することはないです。
これをデートに例えると、見た目や印象はいいけど、「会話が噛み合わない」「笑いのツボが違う」「なにか物足りない」と感じさせてしまったら…。

わざわざもう一度会いたいと思ってはくれなくなります。

つまり「見た目や印象はいいのに」「フィーリングがちょっと合わない」。

これは男性であるあなたも同じことを感じるはずです。

では、どうすればノーストレスになるのか？

それは「**相手のコンフォートゾーンに入る**」ということです。

具体的なポイントは、①ペーシング、②ミラーリングです。

①ペーシング

ポイントは、「話し方」「相手の状態」「呼吸」です。

相手の話し方にペーシングする時は、声の調子や話すスピード、声の大小、音程の高低、リズムなどを合わせていきます。これは、相手を観察すればできるようになります。

このように相手とペーシングを行っていくと、聞き手と話し手の中に一体感が生まれてきて、話し手は安心して話をすることができるようになります。

それによって、相手とのラポール（信頼関係）を築くことができます。

ちなみに僕は、人によって何パターンかの声質を使い分けてコミュニケーションをとっているくらいです。

②ミラーリング

目の前にいる相手の姿勢に鏡のように合わせること。鏡のように合わせることによって、話し相手は自分と似ている・近い・同類であるという感覚を持ち、親近感・安心感を抱きます。

具体的な行動としては、座り方や身振り・手振り、頷きなどで、相手が顔を触ったら、自分も同じ箇所を触るなど、相手に違和感を感じさせない程度に、鏡のように合わせていくのです。この２つを意識的に心がけると、「違和感」を感じず「居心地が良い」というコンフォートゾーンに入れます。よく聞くテクニカルなことですが、「知ってる」と「できる」には大きな差があります。

ストレスを感じさせないデートにするには、ペーシングとミラーリングを意識してコンフォートゾーンに入ること。

これが「**ノーストレス理論**」です。

相手を楽しませるために全力で楽しもう！

相手に楽しんでもらいたければ、まずは**自分が全力で楽しむこと**を意識しましょう。

これは、デートを成功させるためには重要なポイントです。

相手からどう思われているかをついつい意識し過ぎてしまい、楽しむというより、疲れ果ててしまう。

そんな経験はありませんか？

あなたが相手のことを意識し過ぎてしまって全然楽しめていないとしたら、相手も同じように楽しむことができないはずです。

今に集中することです。

5秒先のことを考えて会話をしたり、「次は何の質問しようかな？」と考えながら話したり相槌を打ったりしていると、「心ここにあらず」な表情になってしまいます。

だから、デートが始まったら、今に集中して、その瞬間、瞬間を全力で楽しむようにしましょう！

考えるな！ 感じよう！

あなたはデート準備でしっかりと「情報」という武器を用意したと思います。情報は次に繋がるための手段であり、マニュアルですが、デート中、集めたこの情報のことだけ考えてしまうと、相手にはあなたの良さがストレートに伝わりにくくなります。

ですから、デート準備で8割しっかりと用意したら、あとの2割はその場の雰囲気とその時の感情に任せて柔軟な対応をしていきましょう。

あれこれと考え過ぎると、**相手のために「したい」ことが、「しなければならない」に変わってしまいます**。

そうすると、上っ面な優しさや表面上の会話しかできなくなってしまうので気をつけましょう。考えるのではなく、感じることが重要です。

会話の方程式を理解しよう！

僕が講師を務める恋活・婚活学校では、次のような会話の方程式を教えています。

基本的な骨組みは「Q＝A＋α？・」です。

相手へ質問して、相手から答えが返ってきて、その答えに5W1Hを繋げていけば、永遠と会話を続けることができる方程式です。

例えば、「趣味は何ですか？・」「料理です」という会話があります。この「料理です」に対して、〈いつ？ どこで？ 誰と？ 何を・どのようにして？ なぜ？・〉をつけて質問し返せば、会話が途切れることは少ないでしょう。

女性との前だと緊張してうまく話せなくなる人もいると思います。そんな時こそ、この方程式を覚えておけば、柔軟に対応できます。

もちろん、デートの時だけ意識するのではうまくいきません。普段の日常の会話から、Q＝A＋α？・を意識するように心がけてみてください。

デートは日常の過ごし方が正直に出るものですからね！

STEP1
Q＝A＋α？（5W1H）
↓会話は続くが尋問で終わる↓尋問トーク

STEP2
Q＝A＋3K（興味・共感・肯定）＋BT（オウム返し）＋α？（5W1H）
↓楽しい雰囲気は作れるがインタビューのような散らかしトークでいい人で終わる

STEP3
Q＝A＋3K（興味・共感・肯定）＋BT（オウム返し）＋FEEL（感情）＋α？（5W1H）
↓感情の共感をする

この3つのステップのうち、どこにいるのかを確認しましょう。
STEP3の会話ができるのがベストです。

STEP1

Q＝A＋α？（5W1H）

会話は続くが尋問で終わる、尋問トークの例

男「趣味は何ですか？」

女「料理です」

男「いつから始めてるんですか？」

女「5年前からです」

男「得意な料理は何ですか？」

女「オムライスです」

男「どうやって作るんですか？」

こんな感じです。質問をして返ってきた回答にただ5W1Hをつけているだけです。

何を話せばいいかわからず、質問のテンプレートを用意して、それをひたすら聞いていくだけで、実際にこれに近い会

話をしている人は多いです。今一度、単純に質問を繰り返すだけの尋問トークになっていないか、客観的に見直しましょう。

STEP２
Q＝A＋3K（興味・共感・肯定）＋BT（オウム返し）＋α？（5W1H）

楽しい雰囲気は作れるがインタビューのような散らかしトークでいい人で終わる例

男「趣味は何ですか？」
女「料理です」
男「料理ですか！　いいですね。いつ頃から始めたんですか？」
女「５年前からです」
男「５年も前からですか！　ちなみに得意な料理は何です

か？」

女「オムライスが得意です」

男「オムライスいいですね！　どうやって作るんですか？」

ＳＴＥＰ２では、ＳＴＥＰ１にはなかった、オウム返し、興味、共感、肯定を交えて会話をしています。これを入れるだけで、会話にテンポ感が出てきてリズミカルに会話を楽しめます。

しかし、これだけでは、インタビュアーが質問している感じになってしまいます。会話はどんどん広げていけますが、横に広がっていくだけで、相手との会話がなかなか深掘りできない状態とも言えます。

いい人で終わっちゃうという人は、改めて、散らかしトークになっていないかどうかを客観的に見直してみましょう。

STEP3

Q＝A＋3K（興味・共感・肯定）＋BT（オウム返し）＋FEEL（感情）＋α？（5W1H）

感情の共感をする会話の例

男「〇〇さんの趣味は何ですか？」
女「私、料理が趣味なんです」
男「料理ですか！　料理って楽しそうですよね！　いつ頃から始めてるんですか？」
女「そうなんですよね！　5年前から始めました」
男「5年も前からなんてすごい！　何がきっかけで始めたんですか？」
女「たまたま、友人がうちに来て料理を作ったら、とっても美味しいって喜んでくれたんですよね！」
男「誰かが喜んでくれるって嬉しいですよね。めっちゃ気持ちわかります！　ちなみに一番の得意料理は何です

か？」

女「わかります？ そうなんですよね！ 得意料理はオムライスなんです」

男「オムライスですか！ いいですね！ 僕、子供の頃からオムライス大好きなんですよね！ ○○ちゃんも、昔からオムライス好きなんですか？」

ここで重要なのは、あなたのFEEL（感情）をつけて、興味、共感、肯定をしてあげることです。

全部の会話にSTEP3のような感情の共感を入れる必要性はありませんが、STEP2をベースにして、STEP3を織り交ぜていくイメージで意識して試してみてください。

この一例の続きであれば、「昔から好き？」という質問で、さらに幼少期の頃の会話へと深掘りできますよね。

会話は横に広げるのではなく、縦に深掘りしていくということをお忘れなく！

10のトークテーマでシミュレーションしよう！

さあ、方程式を理解したら、次はトーク内容に困らないための10のテーマを紹介しておきましょう。

これは、必ずしもここにあげるテーマすべてについて会話しなければならないというものではありません。基本的に会話が深掘りできるポイントが必ずあります。そのポイントを探し当てるためのテーマだと思ってください。

衣、食、住、趣味、学び、人、健康、仕事、家族、恋愛の10個です。

もちろん、デートの台本で人物像から本質的な質問を準備するコツは理解していると思いますが、その台本に、この10のテーマを組み合わせて、事前にシミュレーションしておけば、当日何を話そうかとあたふたせず、冷静にその場の雰囲気でトークネタを振っていくことができます。

話し上手は質問上手です。こちらから、相手に刺さりそうな話題を、先回りして質問することで、相手との会話のテンポが良くなっていきます。

情報の共感と感情の共感の違いに気をつけよう！

会話の方程式を先ほどお伝えしましたが、次はもうワンステップ踏み込んだ会話の方程式です。

相手との距離を縮めるために必ず必要なのが、感情の共感です。

男性脳は情報の交換を会話の目的としています。それに対して**女性は、感情の交換が会話の目的**です。

例えば趣味がテニスだとして、男性脳はそのテニスに対して情報を交換しようと、質問を重ねます。

「いつからやってるの？」（情報）

「どこかで習ってるの？」（情報）

「誰とやってるの？」（情報）

「場所はどこ？」（情報）

「スクールはいくらなの？」（情報）

といった具合です。

これらすべてが、情報の引き出しですよね。そして男性は、この得た情報だけに共感をしがちです。

では、女性特有の感情の交換とは何か？

それは、テニスを始めたきっかけや、テニスにハマっている理由や、テニスをしている時の気持ちとか、その時々の感情を交換したいと思っています。

とはいえ、いきなり感情の交換を意識して会話をするのも難しいはずです。

なので、簡単に感情を引き出すための３つの質問をおさえておきましょう。
①いまハマってることは？
②最近感動したことは？
③始めたきっかけは？
この３つを会話のどこかに入れることで、過去のストーリーに繋がっていき、その時感じた、喜びや、悲しみ、辛かったこと、感動したことなど、感情を引き出すことができるので、感情に共感をしやすくなります。

簡単なので、まずは仕事場や家族など身近な人との会話で試してみましょう！

感情の共通点を見つけよう!

会話中は、自然とお互いの共通点を探そうと頑張ると思います。趣味や仕事や大学が一緒となれば、もちろん親近感が出て、距離は縮まります。ですが、どんな人とでも共通点があるとは限りません。そんな時は、物事の共通点ではなく、**感情の共通点**を見つけるようにしましょう!

例えば、男性の場合、映画の話をしようとすると、映画のストーリー性や、役者の特徴、演技についての情報を交換しようとします。しかし、女性は、「映画のワンシーンが泣けた!」とか、「あのセリフめっちゃ共感できるよね!」などというように、感情の交換をしたがります。

映画を一緒に見たあと、食事をしながらお互いの距離を縮める深掘りトークをしたいなら、情報の交換ではなく、感情の共有です。会話のポイントは、「あー!その感覚めっちゃわかる!」とか「その価値観一緒だ!」と感情の共通点を見つけること。

そのように意識すると、相手との距離がグッと近くなります。

質問返しは絶好のチャンス！

質問することだけに一生懸命になってはいませんか？

あなたが相手に質問すると、必ず相手からも質問返しがきます。なのに、自分の回答を用意しない人が多いのです。

例えば、趣味の話をした後に「あなたの趣味はなんですか？」と逆に質問された時、「あ、僕ですか？ ゴルフです」と答えたらどうでしょう？

ゴルフをやらない人にとっては、全く興味がなく「あ、そうなんですね」と会話が終わってしまいます。そこでさらに、「ゴルフやりますか？」と聞くと、「ごめんなさい。私はやらないんですよね」と薄い反応が返ってきて、それに返す言葉もなく沈黙になる。沈黙になるのを恐れて、また別の質問をしてしまい、それを繰り返す。

想像しただけでも、会話は全然盛り上がりませんよね。

だから、必ず自分の回答はあらかじめ用意しておきましょう。

ポイントは、**回答＋きっかけ＋感情**を繋げて返すことです。

「僕の趣味は、ゴルフです（回答）。あ、ゴルフはやりますか？」

（私はやらないです）

「そうなんですか！　いや実は僕も同じようにあまり興味がなかったんですけど、友達に無理やり連れていかれたのがきっかけで（きっかけ）、今では、その友達よりもハマっちゃってて（感情）。

僕にとってはストレス発散（感情）にもなって、大切な趣味なんですよ」


このように、回答＋きっかけ＋感情を乗せて返しましょう。

仕事や友人のこと、幼少期や成長期のことなど、あらゆる自分の回答をこの方程式にあてはめて、用意をしておきましょう！

ジョニーワーク7：自分の回答の方程式

10個の会話のテーマそれぞれに、回答＋きっかけ＋感情をつけて、自分の回答を作ってみよう！

褒めたいなら認めよう！

デート中に相手を褒めることも大切です。

大切なことですが、気をつけなければいけないことがあります。

それは、安易に上っ面な感覚で褒めないこと。これです。

つまり、外見だけの褒め言葉はお世辞とも捉えられるし、表面上しか見ない軽い男と思われ、「誰にでも言ってるんだろうな」と勘違いもされやすいです。

外見を1個褒めたら、内面も1個褒めるようにしましょう。

そもそも、普段から褒め慣れていないと、褒め言葉って自然に言えないものです。

そんな時は、ただ褒めることよりも、**相手の存在を認める**ことを意識してください。

仕事への取り組み方や考え方、尊敬できる部分や、長く続けている趣味、友達思いだったり、頑張っていること、大切にしている価値観などなど、相手の人格を認めてあげれば、自然と内面の褒め言葉に繋がっていきます。

本当の自己開示の意味を知ろう！

初めまして！からの自己紹介で自己開示ができていると思ったら大間違いです。きっとあなたの会話は上っ面のトークで終わっているでしょう。自分の仕事や趣味、家族関係など、時系列のような挨拶は自己開示ではなく、自己提示に過ぎないからです。

最初は、嫌われたくないという気持ちから、ボロが出ない会話を繰り広げてしまいがちですが、失敗を恐れていたら、いつまでも自己成長はできません。

むしろ、過去の恋愛トークや、過去の失敗談など、初めて会った人にあえて話す必要がない会話をしたら、十中八九、返報性の法則が働き、相手は同じように、過去に経験したことや体験したことを話してくれます。ここに認知的不協和※が解消され、秘密の共有として、**お互いの距離が近くなる**ことがわかっています。

うわべだけでなく、過去の具体的なストーリーもしっかり話すことが本当の自己開示であり、あなたと相手との心の距離を近くする恋愛の本質になります。

※認知的不協和　人が自分の中にふたつの相反する認知を抱えた状態を表す心理学用語

敬語外しの流儀

さあ、この章のステップを踏んできたあなたは、親近効果によって、かなり相手との距離を縮めていることでしょう。

この段階で、温度感も良く、お互いリラックスしたあたりで進めるのが、次のステップ、そう敬語外しです。

もちろん、会ってすぐに敬語を外すことができる人もいますが、デートでうまくいかない時って、往々にしてこの敬語外しができず、相手との距離感が微妙な感じになってしまいがちです。

特に、恋愛トークに入る前に、この敬語外しができていなければ、恋愛トークもさほど盛り上がらずに撃沈することになるでしょう。

ここでは、敬語外しの流儀についてお話しします。

お互いを名前で呼び合えていることを前提に、まずは**セミ敬語外し**を試みます。

セミ敬語外しとは、共感した時、びっくりした時や、感動した時など、デート中に心が動いた瞬間、自分だけ敬語を外すテクニックです。

例えば、料理が出てきた時に「うわー、これめっちゃ美味しいそうじゃん！」、料理を食べた時に「これ、美味しいね！」、なにかしらの共通点があった時に「それめっちゃわかる！　いいよね！」などというように、自分だけ敬語を外してみてください。

つられて相手も敬語を外してくる場合が多いです。

それでも、敬語が外れないような場合は、敬語外しの提案を試みましょう。

例えば、「距離を感じるから」「同年代なので」「仕事っぽくなっちゃうから」「もっと仲良くなりたい」などの理由をつけて、「敬語外して話しませんか？」と提案してみることです。

ＢＲＩＧＨＴ　ＦＯＲ　ＭＥＮ代表の川瀬はよく、「敬語使ったら罰ゲームね！」と自然と相手を楽しませてしまう敬語外しをします。これを参考にして、相手との距離を深めていきましょう！

恋愛トークはこれで決まり！

なぜ、初回デートで恋愛トークが必要なのでしょうか？

結論から言うと、**「恋愛トークをすることで、恋愛意識を与えることができるから」**なんです。

恋愛トークは初回のデートで必ず必要です。これができなければ、可もなく不可もなく、いい人だけど、印象に残りにくく、恋愛意識を持たせることなく、いい人どまりの人生を突き進みます。

女子会やガールズトークの８割は、恋愛の話で花が咲くともいわれています。つまり、仕事や趣味の話や世間話だけでは、よっぽど共通点がない限り、相手を退屈させてしまうんですね。

恋愛トークで「**お互いの具体的な恋愛観を共有する**」と、未来のイメージを想像することができます。そして、恋愛意識をしていない相手とでも、恋愛トークをしているだけで、目の前の異性のことを**無意識レベルで恋愛対象とさせる脳幹錯誤が生まれます。**

長期的で接触頻度が多いケース（社内やサークルなど）では、必ずしも恋愛トークが必要というわけではありません。接触機会が多いので、その環境の中でお互いの過去や未来の話を自然と共有し合うからです。

しかし、アプリや街コンなどでの出会い方だと、長い接触になればなるほど、逆に友達フォルダへ移されてしまいます。「いい人だなぁ。でも恋愛対象ってわけでもないかな」って感じです。

なぜなら、マッチングアプリや恋活パーティーなど、短期的勝負の出会いの場合、他に沢山のライバルがいるからです。そのライバル達より一歩抜け出すには、恋愛意識を持って次に発展させなければなりません。だから、短期間に、しかも会える頻度が少ないなかで恋愛対象に入るためには、初回デートからの恋愛トークが重要なのです。

勇気を出して、臆することなく恋愛トークをしていきましょう！

ガールズトークでは恋愛トークが8割ですから！

逆に恋愛トークのない、インタビューのような会話は退屈させてしまいます。

見逃し三振か、空振り三振か。後者は確実に成長していきますよ！

恋愛トークの質問例を次にあげていますので、苦手な方は参考にしてください。

恋愛トークの質問例

①アプリ関連の話題（現在）
②きっかけ（過去）
③好きなタイプ（現在）
④嫌いなタイプ・苦手なタイプ（現在）
⑤一目ぼれをしたことがあるか（過去）
⑥過去の恋人との出会い（過去）
⑦キュンとくる異性の仕草（現在）
⑧ＬＩＮＥ、電話、デートなどの理想の頻度（現在・未来）
⑨思い出に残っているデート（過去）
⑩お互いの過去の恋愛観の共有（過去）
⑪理想の彼氏像（未来）
⑫もしも今彼氏ができたとしたら行ってみたいところ（未来）

妄想トークで次のデートへ誘おう！

恋愛観の深掘りトークがピークに達してきたこのタイミングで行うのが、ｉｆトークです。ｉｆトークとは、もしも○○が○○だったら～という、いわば妄想トークのようなものだと思ってください。

男「もし仮に僕が○○ちゃんの彼氏だったとしたら、海外旅行ならどこ行ってみたい？」

女「えーっと、○○君とだったら、○○に行ってみたいかなー」

それは、未来の話をした時に、そう！ この時点で2次的脳幹錯誤が生まれます。今度は脳裏に浮かぶのは目の前にいる「あなた」になります。

このｉｆトークは、大きな話題から徐々に小さな話題にしていくドアインザフェイスという心理学を用いています。

海外旅行→国内旅行→ドライブデート→身近なところという感じです。

このような流れを組んであげると、

男「じゃあ、身近なところだったら、どこ行ってみたい？」
女「うーんと、あ！　水族館かな」
男「水族館、癒されるよねー、最近行ってないなー。もしよかったら、次回は水族館一緒に行ってみない？　〇〇ちゃんと行ったらすごく楽しそう」
女「いいね、いいね！　行こ、行こ！」

このような展開が待っています。

過去の話をして、「恋愛対象になっている」と脳に錯覚を与えると、脳は「今」を求めてきます。未知の情報が入ると脳は嫌がり、未知を既知にしようと無意識に働きかけます。これをカラーバス効果といい、潜在意識が求め始めるのです。

そして、「今一番行きたいところは？」の質問で、「水族館」と答えさせ、「じゃそこ行こう！」と誘うと、「えー、やだー」と脳がＮＯと言えない状況を作ります。

このような流れで、なにかしらの共通点を見つけて（共通点がなければ相手の好みに共感をする）、2回目のデートを**体験型デート**へ誘うことができます。

体験型デートとは、水族館やテーマパーク、ドライブや映画館など、食事＋体験を組み合わせるデートのことです。このｉｆトークで誘うテクニック（手段）を使えば、デートに変化をつける体験型デートの約束ができるというわけです。

また、ｉｆトークで誘った時に、行きたいところがないとか、明確な回答が得られない時も、もちろんあります。

その時のために、**提案型デートプラン**をあらかじめ用意しておきましょう。

デートマインドマップを作る際に、彼女はどんな体験型デートだったら行きたがるのか、プロフィールや相手の雰囲気を見て想像し、仮説を立てて、事前にデートプランを用意しておくのです。答えやすいように、Ａ案・Ｂ案という感じで、いくつかの選択肢を用意するといいでしょう。

体験型デートについては、「体験型デートでギャップを作ろう！」の項目も参考にしてください。また、行き先がパッと思い付かない人のために、巻末に「体験型デートスポットリスト」をつけておきます。お住まいのエリアで調べてみてくださいね！

礼で始まり礼で終わろう！

デートをして、相手の反応を待っちゃったりしていませんか？

初回デートでご馳走した時、「ありがとう」が来るはず、「楽しかった」が来るはず、「ごちそうさま」が来るはず、と、相手からのメッセージを待っていませんか？

ご馳走してあげたから、先にお礼を言うのが当たり前でしょ。

気持ちはよくわかります。

だからと言って、ただ相手からの連絡を待つ。これはＮＧです。

逆に、相手の立場になって一度考えてみてください。

デートの時は、あんなに褒めてくれたり、楽しそうにしてたのに、その後、あなたからのメッセージが届かなかったとしたら？

「本気じゃなかったのかな？」

「特別な存在じゃなかったのかな？」

「そんなものだったのかな」

「なんか冷たい…」

女性の側からこのようにとらえられてしまっても不思議ではありません。男性としては、ご馳走してあげたのに、なんでお礼のメッセージをくれないんだろうと思うかもしれません。

しかし、この男性と女性の考えの違いによって、すれ違いが起きていることが非常に多いのです。

気持ちはストレートに、変な駆け引きはやめましょう。誰が先に誘ったのでしょう？ おそらく誘ったのはあなたから。だったら、礼に始まり、礼に終わりましょう！

「今日は楽しかったね！」

「気をつけて帰ってね！」

「また来週、楽しみにしてるねー」

このように、「今日はありがとう」と会えた喜びを伝え、けっして「見返りは求めず」心からのメッセージを送りましょう。

それでこそ、余裕のある魅力的な男性像に近づきます。

デートの解き直しを忘れずに！

さあ、初回のデートが終わったあなたは、どんな気持ちでいますか？

2回目に繋がった人、繋がらなかった人。

この初回デートがなぜうまくいったのか、なぜうまくいかなかったのか？

たまたまなのか、意図的にうまくいったのか。

次に繋がったデートも次に繋がらなかったデートも、どちらにもデートの振り返りPDCAは必要です。これを**デートの解き直し**と呼びます。

人は居心地が悪いところを嫌います。特に潜在意識というもう一人の自分が嫌います。

だから、デートの解き直しから避けてしまい、蓋を閉めてしまいます。楽な方へ、楽な方へもう一人の自分が導くのです。

この習慣の積み重ねや繰り返しが、あなたの「自己認識力」を下げるのです。

テスト結果が出た時、その問題の解き直しをしましたよね？

間違っていた問題はもちろん、正解していた問題も、「なぜ間違ったのか」「なぜ、正解だったのか」必ず振り返りますよね？

デートも同じです。

解き直しPDCA＝勝算の確率UPです。

BRIGHT FOR MENのメンバーには、デート報告という形で解き直しPDCAを行ってもらっています。

一つひとつ自分の得意な点と不得意な点を解消していくことで、3か月後、大きな差が生まれます。

「あー、楽しかった。2回目に繋がったし」「あー、今回もうまくいかなかった、まあしょうがないよね」これで終わらせてしまうと何の意味もありません。

デートの解き直しとは、まさにPDCAを回すことによって自分の苦手な箇所や欠点を炙り出して、解決させることを目的としています。

このように、解き直しPDCAを繰り返すことで、逆算デートの成功の確率を高くしていくことができるのです。

第4章

距離を縮める話題はこれ！

川瀬流トーク8選！

我々恋活婚活学校BRIGHT FOR MEN代表の川瀬は、著書『童貞の勝算』でも書いているように、会話のコミュニケーションで必要な川瀬流トーク8選を、メンバーに徹底的に教えています。

まだ、彼の本を読んでいない方のために、簡単に紹介しておきましょう。

①テンションリアクション
②バックトラック
③3K（興味・共感・肯定）
④会話のキープ率
⑤共通点探し
⑥自己開示
⑦褒める
⑧ユーモア

この8つのポイントは、異性とのデートのみならず、あらゆる対人関係でコミュニケーションをはかるのに役立つ手法です。

これらを相手との会話のベースに取り入れていきましょう！

①テンションリアクションは、リアクションを相手の1・25倍大きくしてその場の雰囲気を和ませてリード感を出すということ。

会話は、②バックトラックと、③3Kをセットとして話す。

「〇〇ちゃんの趣味って何？」

「趣味は料理だよー！」

「料理なんだね！料理作れる人っていいよねー！」

といった感じです。

そして、④男性30％、女性70％の会話キープ率になるように意識しましょう！

「自分の話をしている時に、人の幸福感は高くなる」という研究結果もあるくらい、相手に気持ち良く話してもらうことは重要です。

なので、自分をアピールするためにたくさん喋るのではなく、相手が話したくなるような質問力をつけることが大切です、

また、この章で具体的に解説する、
⑤相手との距離を縮めるための共通点探し
⑥お互いを理解し合う自己開示
⑦相手の内面と外見を共に褒めてあげること
⑧何でもない話を楽しそうに話すことでユーモラスな印象を与える

この８つが自然とできている人が、コミュニケーション能力の高い人だと思ってください。

では、これをベースに、より相手との距離が縮まる会話の話題を見ていくことにしましょう！

共通点を探し、共通点を合わせよう！

デートをした時に、「そもそも何を話したらいいのかわからない」って悩んだりしていませんか？

「その時の雰囲気に合わせて会話しよう」と思っても、うまくいくのはコミュ力の高い人だけ。

「コミュ力が足りてないなー」と思うなら、相手との距離を縮める話題は必須です。把握しておくと、いいことだらけです。要点だけ押さえておけば、尋問のような質問をパターン化して話してしまうことがなくなります。

まずは、「共通点探し・合わせ」です。

相手との距離を縮めるのに一番早いのは「**類似性の親近効果**」です。

趣味が一緒、仕事内容が一緒、地元が同じなどといったわかりやすい共通点があると、話も勝手に盛り上がります。

そもそも、マッチングアプリや婚活などは、プロフィールを見れば、デート前に相手の好みや趣味などを把握できるはずです。

とはいえ、共通点ばかりを短い時間に聞き出そうとすると、会話がチグハグになってしまいます。

なので、同じ趣味がなかったとしても大丈夫です。

それが「**共通点合わせ**」です。趣味が合わないと事前にわかっているのなら、その相手の趣味に興味を持ってみてください。

趣味が違う時に、大抵の人は、「へえー、そうなんですね〜」と上の空に聞こえるような返事をしがちです（大丈夫と思っている人ほど注意が必要です）。

このような反応ではなく、「それはいい趣味ですね！　あまり詳しくないので、具体的に教えてもらっていいですか？」という受け答えにすること。

自分が話したいことを具体的に聞かれて嫌だと思う女性はいません。

逆に知らないことや詳しくないことを「知ってるかのように」合わせてしまうと、後で必ずボロが出てしまいます。距離が縮まるどころか、印象が悪くなるのでやめたほうがいいでしょう。

うまく実践するのが苦手な方のために、ここで、共通点合わせのステップを紹介しておきましょう。

①いい趣味！（肯定する）

②詳しくないから具体的に教えて！（興味）

③実際に調べてみる（スマホで調べることを了承のうえで）

④楽しそう。やってみたい！やってみようかな（共感）

こんな感じですね。イメージすることから始めるといいですよ。

共通点があれば、自然に感情を共有することができ、類似性の親近効果が出ます。

共通点がなければ「**興味・共感・肯定**」を持って趣味を合わせにいく。

単純にこれだけでも、相手との距離感を一気に縮めることができます。

デートだけでなく、会社や友人、家族との会話でも、意識して試してみてくださいね！

普段のあなたが、デート時のあなたを作りますから。

ハマってるものって何？

次に紹介するのは「**幸福感を感じる話題**」についてです。
ちょっと言い回しが固く感じるかもしれませんが、要は「幸せだと感じる瞬間ってどんな時？」っていう感情の交換をすることです。

例えば、
男「〇〇さんって何している時が一番幸せ？」
女「えーっと、スイーツ食べてる時かな〜」
男「スイーツなんだね！　わかる！　甘いものってなんか幸せ感じるもんね〜」
こんな感じです。

でも、これで終わると物足りないですよね？
さらに、回答が返ってきて共感してから「５Ｗ１Ｈ」を繋げること。

男「○○さんって何している時が一番幸せ？」
女「えーっと、スイーツ食べてる時かな～」
男「スイーツなんだね！　わかる！　甘いものってなんか幸せ感じるもんね～」
→きっかけは？　誰と食べに行く？　どこがお勧め？　何が一番好き？
と質問を繋げて、会話を広げていきます。


ここでのポイントは、必ず「感情」を引き出す質問をすること。

ただ意味もなく質問して情報だけ引き出す会話では、いつまでたっても相手との距離は縮まりません。その感情の答えに感情で共感するから、感情の交換ができるというわけです。

「男性は情報の交換で会話をし、女性は感情の交換で会話をする」ことをあらかじめ肝に命じておきましょう。

そして、もう一つのポンイトは、自分の回答もしっかりと用意しておくことです。

「何をしている時に一番幸せを感じるか？」

これは自己開示に繋がります。

男「僕は、ゴルフしている時が、時間を忘れられて幸せなんだよねー。友達に勧められて始めたんだけど、もう10年くらい続けてて。めっちゃハマってる」

このくらいの文脈があって正解です。

男女の会話は、キープ率を意識して考えすぎると自己開示が少なくなりがちです。「相手から質問はしてくれるけど、自分のことをあまり話してくれない」となってしまっては本末転倒ですからね！

感情の交換をするためには「幸福感の話題」を切り出すこと。

感情の答えに感情で共感することで「同じ価値観」や「同じような感覚」を持った男性だと認識され、安心感を与えることができ、相手との距離を縮めることができるというわけです。

夢や目標の話をしよう！

夢や目標があり、それを達成したいこと。それは、現実と将来の理想の話を織り交ぜた会話になります。

「現状はこんな感じだけど、○○のような○○を実現したいと思ってるんだよねー」と話せば、「将来のことをポジティブに考えている人」という印象を与えることができ、あなたの魅力的な部分を会話で伝えることができます。

男「○○ちゃんは、将来やりたいこととか、目指してるものとかってあるの？」

女「今、英語の勉強をしていて、海外ボランティアに参加してみたいと思ってるんだよねー」（自己承認欲求）

男「海外ボランティアに参加するために語学を頑張るって、なんか尊敬しちゃうな」（感情の共感）

「そう思ったきっかけってなんだったの？」（自己肯定欲求が満たされる）

何か目標を持っている人は多いので、まずは相手に振ってみること。そしてその夢や目標の「感情」に「共感」をすること。すると、「AND YOU」で聞き返されます。

女「○○君は？ 夢や目標ってあるの??」

男「僕は○○の仕事をしてるんだけど、○○の資格を取って条件のいいところへ転職しようと考えてる。友人の話がきっかけで、もっと上を目指したくなったんだ！」

現在の話から夢や目標である未来の話を共有することで、「共感」という感情が生まれ、「自己肯定欲求」が満たされるのです。

夢や目標を持って努力していたり、何かに夢中になっている人には、何か引き込まれ、魅了されるものです。特に夢や目標がないという人は、何か一つでも夢中になれることを探しましょう。人に語れる何かを持っていない人は、まずは簡単に始められる自分らしい趣味を見つけるといいでしょう。

失敗を恐れずに！ 失敗の数だけ人はエネルギーレベルが高くなります。

相違点を楽しもう！

会話の中で共通点ばかり探そうとすると、質問ぜめにしてしまったり、横に散らかしトークしてしまったり、本末転倒になることが少なくありません。

無理に共通点を探す必要はないですが、共通点がないと会話が淡白になりがちです。

そこで、相手との距離を縮めるのが、共通点ではなくて、**相違点を楽しむ**ことです。

あなたが全く関心のなかった趣味の事柄に対して、知らない知識を持っている相手に興味を持つのです。

「え？　趣味は盆栽なんだ！　盆栽を趣味にしている人って、初めて会った！　僕はあまりよくわからないけど、盆栽の魅力ってどんなところなの？　教えてほしいな！」

例えばこんな感じです。

相手からしてみたら、自分の好きなことに興味を抱いてくれていると感じるだけで、自己肯定欲求が満たされ、あなたとの距離が深まっていきます。

共通点がなくても相違点を楽しめばいいんだと思えば、会話も楽にできますよ！

過去の具体的なストーリーを話そう！

同じ境遇（仕事や育ち）・同じ経験・同じ趣味・同じ趣向に共感することで、小さい共通点を作ることができます。「同じ価値観の人」と感じさせることができるので、相手との距離を縮めることができるのです。

趣味趣向の話からさらに距離を縮めていくのが、**「過去の具体的なストーリーの共有」**です。

趣味趣向の話題になった時に「なぜ好きになったのか？」という質問を付け加えると、過去の具体的なストーリーを話しやすくなります。

特に、女性脳は「ビジュアライズ」させる傾向があります。淡々と時系列で話すわけではなく、物語のように話すということです。

過去の具体的な話には、その時その時の感情が出てきやすいものです。

そして、過去の具体的なストーリーを深掘りして現れてきた過去の感情に共感をすることで、相手の自己承認欲求は満たされ、お互いの距離が縮まるんです。

もちろんあなたも同じように、具体的な過去のストーリーを話しましょう。

ポイントは、
・過去の経験を鮮明に話す
（より具体的にイメージできるように）
・その時の感情を具体的に話す
（楽しい・辛い・怖い・嬉しい、の感情を出す）
・その時の擬音語を混ぜて話す
（その時のシチュエーションの音）
・その時の会話を具体的に真似して話す
（その時のセリフを真似する）

関西人やお笑いの方の話し方を思い出してみてください。降り落ちを自然と作る関西人ならではの話し方ってこんな感じですよね？

お互いが過去の具体的なストーリーを共有し合うことで初回デートや2回目のデートのトークに厚みが出て、また会いたい、もっと知りたい、という距離感になります。

会話が薄っぺらいなーと思ったら、過去の具体的なストーリーを試してみましょう！

怒りのポイントを共有しよう！

会話の中にネガティブとポジティブの関係性は必要です。これを「ネガポジの法則」といいます。

ネガティブな会話1に対して、ポジティブな会話5にして話すのがベストの比率です。そうすると話題もどんどん深くなっていきます。

「えーっ、ネガティブな話ってする必要あるんですか？」って思いますよね。

ネガティブ＝男の弱さではありません。

もちろん、トーク8選ができていなければ成り立ちません。特に「感情の共感」ができているからこそ話せる内容です。

とはいえ、想像してみてください。ポジティブなものだけに共感し続けて、自分のことや相手のことを8割以上知ることができると思いますか？

はっきり言って難しいです。

「可愛い！」「美味しい！」「楽しい！」「嬉しい！」

ポジティブな言葉は大切ですが、ここだけにフォーカスして、楽しい話ばかり繰り返していても、二人の距離は一向に縮まりません（表面的には縮まりますが）。

なので、「実は私、こう見えて◯◯なの…」というような、本当の意味での「自己開示」を話す機会を作れないと、たとえ3回目のデートで告白したとしても、「私のことを4割程度しか知らない…」という気持ちが出てきてしまい、素直にYESを言えなくなってしまいます。

じゃあどうすればいいか？

ネガティブな話題を引き出して共感する。

これだけです。

恋愛トークなどで、「嫌いなタイプ」や「苦手なタイプ」を話すことがあると思います。

ここで、相手が答えてくれた苦手なタイプ（ネガティブ）に共感をするのです。

例えば、相手が苦手なタイプを、

女「マメじゃない人、嘘つく人、常識のない人」

と言ったとして、その答えが、

×男「へーそうなんだ。それは嫌だよねー」

×男「はいはい、なるほどね」

これらは肯定しているだけで、共感ではありません。

○男「それ、すごくわかるかも。逆に女性がそのような性格だったら、僕も正直苦手かも。嫌だよね〜」

これがネガティブな感情に寄り添っているという回答です。

相手を肯定しながらも、「僕は違うよ」と否定している言い方になります。さらに、

男「それに、横柄な態度をとる人とかも苦手だなー」

と回答にI THINKを加えます。「横柄な人が嫌い」に共感しない人はいませんよね。すると、相手からも、

女「あー、それは苦手かも、男性でよくいるよね、横柄な人。引いちゃう」

そう、これぞまさに、「ネガティブな感情の共感を引き出す」ことなんです。

ここで、もう一つポイントがあります。

ネガティブな感情を引き出すためには、**誰にでも当てはまるネガティブな共通の条件**を振ってあげればいいのです。誘導心理学の一つですね。

怒るポイントや悲しむポイントも同様です。

苦手な性格や、怒る時、悲しむ時のポイントが同じと思わせることが、相手との距離をさらに縮めることになります。

会ってすぐに話さなければいけない内容ではありませんが、2回目のデートでは、少なからずネガティブな話題に共感して寄り添うことが必要です。

人が恋愛対象として意識するのは、「付き合うイメージができた時」です。

それは、「ポジティブな時は、楽しいデートを考えてくれて、楽しい時間を過ごせる。辛い時や悲しい時は一緒に寄り添ってくれて、話し合いがきちんとできる」人だと感じた時ですからね！

改善したいことを取り入れよう！

改善したいことの話題というと、一見「ネガティブ要素」も含まれていそうですが、実は、ポジティブだけで終わらせる会話よりも、ネガティブ要素も少しだけ入れることで自己開示に繋がり、相手からの共感も得やすくなるのです。先ほどの「ネガポジの法則」です。

例えば、

「最近、仕事が溜まっていてなかなかジムに行けてないいんだよねー」（ネガティブ）

「だから、来週から自主トレーニングと食事改善をしていこうと思っているんだよねー！」（ポジティブ）

「○○ちゃんも、思っていてもできてないこととかってありませんか？」（共有）

というように、

ネガティブな発言をしたら

⇩

ポジティブな発言に変えて

⇩

感情の共有をする

という流れです。

ポイントは、自分の欠点と「課題」までしっかり伝えること。

男の弱さをストレートに伝えることで「強い人だな」と思われます。

つまり、改善したことを伝えて、共感を得ると、その共感返しとして、相手からの自己開示があり、お互いが「初めて会ったのに、ここまで話せているのはきっと相性がいいのだろうなー」と認知的不協和の解消が始まるわけですね。

お互いが話さなくてもいいことまで会話ができていると認知することで、相手との距離がグッと縮まります。ぜひ、会話の流れの中に取り入れてみてくださいね！

自己肯定欲求を満たす会話をしよう！

人は誰しも誰かに認めてもらいたい「承認欲求」を持っていて、知らず知らずのうちに、自己肯定感を高めるための行動をとっています。

「自己肯定欲求」は、自分の価値や存在意義を他人から認められることで満たされるのです。

「あれ？ なんか痩せた？」（食事療法を取り入れてダイエットしていた）
「あれ？ なんか雰囲気変わったね！」（コミュニケーション力を磨いていた）
「あれ？ カラダ鍛えた？」（パーソナルトレーニングに通っている）

このように、あなたも、人知れず頑張っていること、学んでいることによる成長を誰かに認めてもらうと、自己肯定感が増し、大きな喜びを感じるという経験をしたことがあると思います。

彼女に対しても、

「（趣味）長く続けててすごいね！」

「（仕事）人の見えないところで頑張るって尊敬する！」

「（交友関係）友達思いなんだね！」

「その価値観って大切だよね！」

など、趣味や仕事で頑張っていること、成長していることを認めてあげましょう！

自分がまだ話していないことに気づいて認めてもらえると、心のよりどころに感じるものです。その姿勢や結果を肯定することで、彼女の自己肯定欲求が満たされ、気づいてくれたあなたとの距離が一気に縮まります。

お互いの秘密を共有しよう！

相手との距離を縮める会話の話題は、「**お互いの秘密を共有する**」ことです。

本来、秘密は誰にも言えないもの。うっかり公言してしまうと、誰かに迷惑をかけたり、本人の評判が悪くなったり、自分の弱点を人に見せることになってしまいます。

秘密の話というのは、非常にリスクが高い内容を含んでいます。そのため、秘密を打ち明ける相手はごく限られた信頼関係のある人に限定されているはずです。口が堅い人、信頼できる人、この先も長く付き合っていきたいと思っている人など。

一方、秘密を打ち明けられた人は「自分は信頼されているんだ」と確信し、承認欲求が満たされます。これは褒められた時などよりもっと強力で、自分の存在をすべて肯定されたような気持ちになるといわれます。

同時に、返報性の法則が働いて、「この人のことは裏切れない」と思い、いっそう親しくなれます。秘密を共通することで生まれる親近感は、男女関係に限らず、友人、家族関係にも効果的です。相手との距離を縮める際には意識してみてくださいね！

第5章

2回目デートの流儀

2回目デート8つの心得

初回デートが「面接」であれば、2回目デートは「展開」があるかないかの確認です。初回デートでは腹八分目で「物足りなさ」を出し、2回目デートでお互いより深い話を共有することで、「もう一度会いたい、もっと知りたい、もっと仲良くなりたい」と思わせることが必要になります。

この章では、2回目のデートで注意すべきポイントをお伝えしますので、しっかりと学んでいきましょう。まずは2回目デートの心得の8つのポイントを紹介します。

①目配り・気配り・心配りを忘れずに

食事だけのデートと違って、レストラン＋体験型スポットのデートメイキングになる。一緒に歩いたり、一緒に行動することが多くなるため、「意外と男らしい」、「意外に紳士的」などといったギャップを作ることもできる。

②I WANTではなくWHAT SHE WANTSでプランを考えること

自分が満足するデートプランではなく、相手の立場になって彼女が喜びそうなデートプランを考える。

③相手の存在を認める（自己承認欲求を満たしてあげる）

彼女の味方になる。今までの経験や体験を認めて褒めること。

④会話は感情の交換

その物事についてのきっかけやその時の気持ちや、ハマった理由などを引き出して、共感すること。情報を引き出すだけではなく、情報の先にある感情にフォーカスして会話を楽しむ。

⑤共感できないものは「具体的に教えて！」と、知らないことを前提に質問する

あなたが興味のないことや、知識のないものに無理に共感すると、態度や表情は「ちぐはぐ」になる。わからないことは知ったかぶりをせず、「初めて聞いた！興味あるからもっと教えて！」と前のめりに聞けばよし。

⑥相手の内面を褒める

外見の褒め言葉より内面の褒め言葉のほうが、喜びは大きい。外見を褒めたら内面もしっかり褒めること。外見だけの褒め言葉は、上っ面のコミュニケーションになる。表面上だけではなく、内面へのアプローチをしっかりと行うこと。

⑦好きのほのめかしをする（あなたのことを恋愛対象として見ていると伝える）

相手がどう思っているかを気にしすぎて意思表示しないと、相手からも好きの意思表示はない。3回目で告白する関係値に持っていくためにも、2回目のデートで、「僕はあなたのことを恋愛対象として見ている」という気持ちをほのめかすことが重要なポイント。伝えきれていなければ、告白しても「そんなつもりだと思わなかった」とか「まだ恋愛対象として見れてない」などの理由で「保留」になる可能性が高くなる。相手のことを好きなら、様子を見たり、駆け引きしたり、考え込んだりせずに、あなたから気持ちを伝えること。そうすれば返報性の法則が働く。

⑧より深い自己開示をしていくこと

ネガティブな部分にもしっかり共感する。付き合うための導線作りで、なくてはならないものが自己開示。まだ4割ほどしかお互いのことを理解していない状態で告白をして、「あなたのことをあまり知らないけど、付き合いましょう」と言ってくれる女性はいない。6割以上知ることができると、「もっと知りたい、もっと仲を深めたい。もっと会いたい」に変わる。嬉しい！　楽しい！　美味しい！　だけのデートではなく、どれだけ自己開示できるかどうかがポイントになる。

情報を制するものはデートを制す！

あなたは、ロールプレイングゲームでラスボスを倒しにいく時、レベルを上げて、武器を揃え、仲間を増やし、情報を集めるはずです。

それでは、デートの時、どのくらいのデートスポットの情報量をストックしてデートに臨んでいますか。なんとなく「ｉｆトーク」からの「行きたい」場所を聞き出し、相手の出たとこ勝負で次のデートに誘おうとしていませんか。

これだと、勝算は上がらないです。いいですか、デートは準備が８割です。

例えば、

男「行ってみたいスポットってある？」

女「えーなんだろう？　そーゆーの疎いからわからなくて…」

撃沈ですよね。そうならないためにも、

「日本初出店のピザ屋って知ってる？」

「豊洲に豊洲 千客万来って温泉施設ができたらしいよ！」

「新しく麻布台ヒルズにチームラボできたみたいだよ！」

「東京タワーのオープンエアウォーク知ってる？」

僕はざっと常時50個以上はストックしています。この僕の頭をレンタルしてあげたら、どんな女性でもデートへ誘うポイントを作れるでしょう。

何も新しいスポットでなくてもOK。話題になっている人気の場所を提案できるくらいにしておけばいいのです。

最新情報を知っているからこそ、相手に新しい気づきを与えることができたり、「知らなかった。知りたい！ 行ってみたい！」と思わせることだってできるわけです。

店の情報に限らず、デートスポットも事前に調べておくことが大事です。SNSやネットや雑誌などで、あなたのデートエリアにあるものを眺めておくだけでもいいでしょう。2回目にデートの提案をしやすくなりますし、勝手にモテます。

魅力的な男性は、さらっと「相手の好きそうなもの」（興味）をイメージして、相手の好きそうなデータが提案できるのです。

体験型デートでギャップを作ろう！

楽しかったデートを無事に終え、その場では次のデートに誘えず、ＬＩＮＥで後日デートに誘ったとしましょう。誘われた女性はこう思うでしょう。

「ある程度のことは話したから、違う人からもアプローチ受けてるし、保留しよう」

なぜって、狙っているのはあなただけではない。たくさんのライバル達からのお誘いを受けているからなんです。

×お食事デート

初回デート〈肉系〉→２回目デート〈海鮮系〉

店が変わっただけで会話のネタは変わらない。ワクワク、ドキドキ感を演出できない

○体験型デート

初回デート〈肉系〉→２回目デート〈海鮮系〉＋〈水族館〉

デート自体に動きが出て、厚みも出る

目配り気配り心配りが加わり、ギャップを作ることも話題もできる

体験型へ誘うことで、「何を話そう？」という意識ではなく、「動物園久しぶりだなー」「水族館楽しそう！」と期待のフォーカスをあなたとの会話ではなく、体験型のほうへずらすことができるのです。

これが体験型デートへ誘うメリットです。そしてあなたが準備すべきことは２つ。

①相手の好きそうな話題からｉｆトークで体験型スポットを引き出す

②あらかじめ相手の好きそうな体験型スポットを想像して用意しておく

①の場合は、相手が「行ってみたい！」興味のある場所を自然に引き出せるので、その場で調べて話題を膨らませ、「一緒に行こう！」と誘い出せばＯＫです。

②の場合は、「行きたいところが見つからない」という女性や「特にない！」という自己主張しない女性へ向けたアプローチになります。

このように、２回目デートへ行く理由を、「あなたと会う」から「〇〇へ行く」に変えることで、相手へのプレッシャーも少なくなり、次のデートへのＹＥＳを取りやすくなります。

ちなみに、デートする時間をあまりとれないような時は、体験型デートにこだわらず、ランチや仕事帰りのカフェでもいいので、「接触頻度」を上げていきましょう！

デートプランは点と線で作ろう！

初回デートは食事がメイン、２回目のデートは体験型デートをお勧めしました。〈食事＋体験スポット〉で組み合わせるイメージです。

基本的なデートの組み方は「点と点を線で結ぶ」と考えてください。

ここでいう点とは、相手の好きなこと、行きたいところ、食べたいものなどで、まずは点をピックアップします。次にピックアップできたスポットのエリアを決めます。スポットとエリアが決まったら、お店を決めていきます。

この時に便利なのが、食べログのマップ検索です。インターネットの検索窓に「食べログ エリア マップ」と入れて検索すると、地図上にお店の情報ピンが出てきます。それを見ながら、スポットから近いお店を選ぶと、スマートにデートメイキングできます。

例えば、エリアが東京だとして、初回デートの会話で、「〈水族館〉と〈イタリアンレストラン〉に行こう！」となったとしましょう。

まず、水族館を調べます。「アクアパーク水族館に行こう！」と決まったら、エリアが品川に決まります。

次に、イタリア料理のお店を探します。食べログマップ検索で「食べログ 品川 イタリアン マップ」と検索します。マップ上に出てくるお店の情報を確認しながら、点と点を線で結ぶように繋げると、自然とスマートなデートプランを作ることができます。

頼り甲斐のある魅力的な男性は、デートの導線がスマートです。この型に当てはめて、自分なりのデートプランを作成しましょう。

ジョニーワーク8：点と点を線で結べ！

体験スポットを探し、エリアを決めて、食べログマップ検索でお店を選び、点と点を線にしてみよう！
テンプレートを使ってデートプランの作り方をマスターする
点①体験型スポット→点②エリア→点③店→点④サプライズ（手土産など）

いい人で終わる人・終わらない人

「優しさと頼りなさは背中合わせ」ということを肝に銘じましょう。

優しさとは一見、相手の願望をすべて聞き、なんでも肯定して、なんでも共感し、食べたいもの、行きたいところをすべて叶えてあげる。そんなイメージだと思います。

「肉と魚どっちが好きですか？」

「○○さんの食べたいものありますか？」

「○○さんの行きたいところありますか？」

これでは相手の好きを聞き出しているだけで、自分の考えが相手にはまったく伝わらないですよね。

優しさだけではリードされていると感じられず、もし仮に付き合うことになったとしても「何でも私が決めなきゃいけないのかな？」という気持ちになってしまいます。

優しさと頼りなさは常に背中合わせだということを忘れずに。

優しさと頼りがいを兼ね揃えた男はモテます。

仮面デートから面取りデートに！

初回のデートで誰しもが一度は感じたことがある「マイナスギャップ」。

「あれ？ なんか全然違うんですけど…」

自分だけが感じているわけではありません。相手も同じように感じているかもしれないということもお忘れなく。

出会った瞬間、目と目が合った時に、「マイナスギャップだなぁ」って思うと、表情に現れてしまいます。すると、その波動を相手も受け取ってしまい、お互いぎこちない雰囲気になっちゃうんですよね。

そもそも見た目のイメージも大切ですが、内面を知ることで、どことなく気になり始めたりするものです。

初回のデートは、お互い仮面をつけた「**仮面デート**」のようなもの。すべてをさらけ出すというより、自分を良く見せようと、良い面しか見せないと思います。

そして2回目のデートが、ちょっとずつお互いの「素」を出していく「面取りデート」になります。

逆にこれができないと、なかなかお互いの距離は近くなりません。

とりあえず外見で良いも悪いも判断してしまうのは致し方ないですが、内面を含めて相手を見ること、知ることで逆転することはいくらでもあります。

そもそも、外見が良くても、食べ方が汚かったり、言葉遣いが悪かったり、姿勢が悪かったりしたら？

女性として美しくないですし、何より人間として嫌じゃないですか。

見た目だけで興味がなくなって、「うわー、テンション上がらないわー」とか「あー早く帰りたいー」とかお粗末な態度をとったりするのはもったいないです。

すべての女性に同じように振る舞える男が一番かっこいいと思っています。可愛い子や綺麗な人の前だけ気合入れてカッコつけて、張り切ってエスコートしちゃう男はほんとダッサイ、ただの上っ面男子です。そんなの簡単に女性に見破られますよ。

もう一度言います。どんな人にでも平等に振る舞えるのがモテる男子です！

仲を深めるエピソードトーク！

「なかなか会話が深掘りできない」「感情の共感ができてない」そんな気がする人へ質問です。

過去の話はしていますか？

「過去の具体的なストーリーを話せ！」の項目でもお伝えしましたが、デート中の「今」や「未来」の話だけでは、今目の前に見えている人の雰囲気しかつかめません。

初めてのデートでは誰もが「仮面」を被っています。良いも悪いも、本当の自分は隠して演じています。だから、「現在」や「未来」についての会話で進めるだけのデートは、深く印象に残りにくく、お互い本当の一面は見えません。

お互いをよく知って、仲を深めるためには、過去のエピソードを具体的なストーリーとしてどのくらい語れるか、それによって感情の共感がどれくらいできるかが重要になります。

過去（幼稚園・小学生・中学生・高校生・大学生）に、
一番面白かったできごとは？

一番ハマっていたことは？

一番頑張ったことは？

一番辛かったことは？

一番仲良かった友達は？

どんなタイプだった？

どんな性格だった？

などなど、**それぞれの時代のエピソードを掛け合わせていく**のです。

そうすると、過去が具体的なストーリーになります。その時の情景や感情が入るので、自然と感情の交換に繋がります。そしてその回答に共感したり、知らないことは具体的に質問する。もちろん、自分も過去のストーリーから自己開示していく。

ナチュラルに過去を話し合うことで、本当の意味で感情の交換と共有ができるようになります。デートの準備段階で、会話のマインドマップにちょっと付け加えてみてください。必ず相手との仲を深めることができますよ。

第三者の応援団を意識しよう！

女性は、誰かに恋愛事情を逐一報告しているものです。男性が事後報告なのに対して、女性はリアルタイムだと思ってください。

なので、マッチングした人、いつデートなのか、どんな人なのか、初回デート、2回目のデートのあなたの印象を、事細かに感情を乗せて、親友に話していることが多いのです。

そのとき相手の親友が、あなたの初回デートや2回目のデートに「好印象を持つかどうか」はとても重要です。

考えてみてください。

この人が好きなのかどうか迷った時には、たいてい自分のことをよく知っている親友に聞きます。

「ねえ、この人ってどう思う？」ってね。

友達「えー！　いいじゃん！　そんな真剣に考えてくれる人なんていないよ！」
Ａ子「やっぱ？　実は私もそう思ってたんだよねー」
友達「趣味も価値観も合うって言ってたしね！　それが一番だよ」
Ａ子「そうなんだよねー。でも、相手がどう思ってるのか、自信ない」
友達「大丈夫だよ！　嫌だったら３回も会わないし、次回のデートで告白もあり得るよ！」
Ａ子「そうかなあ？　なんか緊張してきた」
友達「あるよ！　ちゃんと迷わずＹＥＳ！って言うんだよ！」
女子トークはこんな感じです。結構リアルにこんな話をしています。

つまり、このタイミングで**友達が「自分の応援団」になってくれているか**どうか。

恋愛意識を加速させ、告白の流れにもっていくためには、これが重要なんです。

このように、「いざ告白！」というタイミングで、第三者の応援団が作れているように、どんなときも手を抜かずに、相手の好きそうなデートを作って、楽しんでいきましょう！

ポイントは、相手への質問の中に、友達との関係性を何気なく入れてみることです。

会話に好きを散りばめて！

2回目のデートでは、相手の意思表示を気にせずに、自ら「**好きのほのめかし**」をする大切さを伝えています。

心理学において「サブリミナル効果」というものがあります。ほとんどの方が聞いたことのある言葉だと思いますが、実はこれは恋愛にも生かせるんです。

サブリミナル効果で女性の潜在意識を突いて、あなたの恋愛も優位になるように仕掛けていきましょう。

サブリミナル効果とは、「それをしようとする対象の意識や自覚を伴うことなく、無意識にその影響を潜在意識に与える」というもので、要は「知らない間に刷り込ませる」効果です。

恋愛に関しても、サブリミナル効果を利用することで、女性の潜在意識にあなたを置くことや、さらに恋愛に発展させることだって可能なのです。

「好き」という言葉は、二人の恋愛が始まるスタートの合言葉でもあります。それがなくては恋愛が始まりません。

では、その「好き」を、どのようにしてサブリミナル効果で相手に伝えるのかというと、それは、実はものすごく簡単なことです。言葉の節々に「好き」を散りばめるだけでいいんです。

「でもそれって結局好きって言ってるじゃん！」となると思いますが、何もストレートに「あなたのことが好き」なんて言う必要はありません。「好き」というその言葉だけで効果があるとされているんです。例えば、

「この料理「好き」なんだよね！」

「そういう格好、「好き」かも」

「これ実は大「好き」なんだ！」

「その映画、僕も「好き」だな！」

「あの歌詞のフレーズ「好き」なんだよね」


全く「その人のことを好き」とは言っていませんよね。

「それで何の効果があるの?」と思うかもしれませんが、これを繰り返すことで、女性の潜在意識に、あなたの「好き」という言葉が刷り込まれるのです。

「あなたが」好きと言って、それが女性の潜在意識に刷り込まれる。

そして「好き」という言葉が恋愛の始まりになる。

女性はあなたを意識する。

これだけで、恋愛に発展する可能性が現れるでしょう。

逆に、目の前の女性が「好き」を会話に散りばめていたら、あなたはどう感じますか。ちょっと「ドキドキ」してきませんか。

好みの女性じゃなかったとしても、確実に「好印象」かつ「気になる存在」になるはずです。

会話に「好き」を散りばめるだけで、何のリスクもありませんし、絶大な効果が生まれるかもしれませんよ。

レベル別「好きのほのめかし」

高校生の時に、違うクラスの子から「あのA子ちゃんがジョニーのことが気になってるらしいよ」と聞くと、すぐに好きになってしまっていた、そんなジョニーです。過去に僕と同じ経験をした人もいるのではないでしょうか。

そう、実はこの当たり前のような行為が、それまで意識していなかった相手をも意識させてしまう「好きのほのめかし」なのです。

興味を持っていたり、好印象だったり、好きなんだったら、「まずは自分から伝える」。それが恋愛意識をリアルに与える始まりだと思ってください。

ボロが出ないように無難なトークで終わらせたり、相手が自分のことをどう思っているのか自信がなく、「嫌われないように」とか「僕なんかが好きをほのめかしても…」とか考えて、相手への好きな気持ちを表現することを忘れていませんか。

まだ見ぬ未来の心配をしていても、何も始まりません。

ここで、「好きのほのめかし」をレベル別に用意しました。

慣れてない方はまずはレベル1から始めて、徐々にレベルを上げてみてください。

レベル1
言葉にせず、身体表現で表現する程度
〈例〉目を合わせる、よく笑う、褒める、など。

レベル2
「社交辞令」と受け取れるくらいの言葉
〈例〉「またご一緒しましょう！」
「僕そういう考えの人、好きだな！」
「ネイルよく似合ってるね」など。

レベル3
「人として好意がある」と受け取れる言葉
〈例〉「Aさんといると癒される」
「Aさんといると楽しい！」
「Aさんのこと、もっともっと知りたい！」
「Aさんの仕事の取り組み方尊敬できるなー！」など。

レベル４
「異性として意識していること」がわかる言葉
〈例〉「Aさんとなら二人で行きたいな」
「Aさんて本当に魅力的だよね！」
「Aさんのこと好きな人は多そうだなー！」
「Aさんみたいな人がタイプ」など。

レベル５
明確な好意がわかる言葉
〈例〉「Aさんともっとずっと一緒にいたいな」
「Aさんとこれからもいろんなところに行きたいな！」
「ふとした瞬間にAさんのこと思い出すんだよね！」
「昨日、Aさんが夢に出てきてさ…」
「Aさんと付き合ったら毎日が楽しそう」などの明確な告白やそれに近い言葉。

デートを重ねるごとに、徐々にほのめかしレベルを上げていきましょう。感情の共通点ができていて、「好きのほのめかし」をすれば、相手からも必ず返ってきます。

美女と野獣理論

「美女と野獣」の物語をご存知ですか。ディズニーが映画化し、人気を博しました。

意外に観ていない男性も多いようなのですが、僕は、女心を理解するために恋愛映画を観ることを普段から勧めています。

女性がどこで涙を流し、どこで共感し、どこで心を動かされ、どのように憧れを抱くのか。「女心を知りたいなら恋愛映画を観ろ！」とここで強調しておきます。

「美女と野獣理論」とは、結論からお伝えすると、

「相手の感情を悟り共感し、相手の感情を受け止めて、相手の存在を認めてあげることができたら、どんな美女であろうと振り向かせることができる」

という理論です。

街中を歩いていて、不釣り合いなカップルを見かけたことはありませんか。

「なんで、あんな美人の横にあんなブ男が歩いてるんだろう？ チッ」

でもね、そんな男性ほど、女性の心を理解し、すべて受け入れているんですよ。

だから見た目じゃない、お金でもない。そんな男性に惹かれるんです。

人を見た目だけで判断していると、自分の心を閉ざすことに繋がります。

これは、男性も女性も一緒。自分の心を閉ざすことで相手の気持ちを知ろうとする心までなくなってしまいます。相手の心を知らないと、相手への関心が生まれない。相手への関心が生まれないから、相手の感情が動かないんです。

つまり、良かれと思ったエスコートや、コミュニケーションすべてが「上っ面」で終わることになる。

出会いはマッチングアプリや街コンや合コンなど、いろいろなところに転がっています。男だったら、「付き合うなら可愛い子がいい！　理想の女性がいい！」と思うことでしょう。

ただ、いつも「外見」だけにこだわっていると、相手が求めているものに気づかない。見た目だけでお付き合いが始まる恋愛は残念ながら、「賞味期限が早い」のです。

相手の本当に大切にしている心を見てください。それができて初めて、どんな野獣のような男であろうと、とびっきりの理想の女性を好きにさせることができるんです。

見た目だけにこだわりすぎると、あなたの魅了力が減ると思ってくださいね！

《参考》美女と野獣の内容　※ネタバレ注意

ベルという美しい娘がいた。ある日、道に迷ったベルの父親が、森の奥の城で囚われの身となる。その城は、見かけだけで人を判断し、魔女を門前払いした王子が、魔女によって報いとして醜い野獣に姿を変えさせられた野獣の城だった。野獣が人間に戻れる方法はただひとつ、心から人を愛することを知り、その人から愛されること。本当の愛を学ばないと魔法が解けない。しかもバラが枯れるまでの時間制限付き。野獣に変えられ、こんなに醜い姿を誰も愛してくれる人などいないと心を完全に閉ざす野獣。親思いのベルは、囚われた父の身代わりになったが、野獣のおそろしさに耐えられず、城から逃げ出す。しかし、森でオオカミに襲われたベルを命がけで救ってくれたのは、他ならぬ野獣だった。野獣が見かけほどおそろしくないと気づいたベルは、彼と一緒に過ごす時間を楽しむようになる。友情が深まるにつれ、ベルは、野獣の中に純粋さやさしさを見出して愛情を抱き始め、野獣は、ベルと過ごすことで、笑顔と思いやりの心、愛することを学んだのだ。そして、ベルが愛を告げた瞬間、ついに呪いは解け、野獣は美しい王子に戻ることができた。心の目で相手を見ることで、真実の愛が成就したのだ。

第6章

告白デートの論理

告白は答え合わせ！

ここまでのステップを踏んできて、試行錯誤を繰り返し、やっとあなたに「告白をしたい！」と思う女性が現れました。

でも告白するにあたり、こう思うことはありませんか。

「本当に大丈夫だろうか？」

「成功するのだろうか？」

「自信がないが、一か八かで告白をしてもいいものなのか？」

僕のところにもそんな相談がよく来ます。

そんな時に僕が伝えているのは、

「**告白は一か八かではない、答え合わせだ**」

ということ。

BRIGHT FOR MENのメンバーには、恋愛を成就させる5つの成功法則を教えています。

①相手の自己肯定欲求を満たす
②感情の交換をする
③恋愛錯誤を起こす
④好きの返報性
⑤単純接触頻度

このポイントをすべてクリアすることができれば、自然と恋愛成就するといわれているのです。

つまり、あなたが告白したいと思う相手と、この5項目ができているかが告白の指標になると思っていいのです。

この章では、一か八かではなく、告白が答え合わせになるためのステップを紹介していきましょう。

告白のタイミングは迷わずに！

告白のタイミングに迷うことってありますよね。

3回目のデートなのか？

それとも5回目のデートなのか？

どれが正解で何が不正解かわからないから、ずっと踏みとどまってしまって、タイミングを逃したり、ライバルに先を越されてしまったり。

そのような経験は、誰にもあると思います。

では、ジョニー理論からお答えしましょう。

それは、「何回会ったか？」という回数ではなくて、「どのように過ごしたか？」が基準値になるということです。

具体的に説明すると、男性は、スピード感を考えて追ってしまう恋愛傾向が強く、逆に女性の恋愛は、ゆっくりじっくりの傾向が強いといわれています。

なので、女性はついつい「何回デートしたか？」「何回二人の時間を共有できたのか？」

を潜在的に意識してしまうのです。

ですから、3回目のデートで告白した時に、「まだそんなつもりじゃなかった」とか「まだ3回しか会ってないから」とか「まだ好きの感情がない」などと言われてしまうわけです。

それでも迷うことはありません。

回数じゃない。「どんな過ごし方をしたか？」のほうが重要

とインプットしておきましょう。

この本を通して伝えてきたここまでの関係構築ができていれば、初めてのデートでの告白だって成功してしまいます。

これを肝に命じて、あなたの相手に対する気持ちに正直に向き合い、ストレートに思いを伝えましょう。

告白前のチェックリストをつけよう！

「告白は答え合わせになる」とお伝えしました。

では、その具体的なチェックポイントをあげてみましょう。

BRIGHT FOR MENで、実際に告白前デートのマンツーマンコンサルティングで使用しているものと同じです。

まずは9つのチェック項目を見てください。

①下の名前でお互いを呼び合っている
②敬語が外れている
③感情に共感している（ネガポジ）
④恋愛トークができている
⑤深い自己開示ができている
⑥内面を褒めている（存在を認めている）

⑦好きのほのめかしができている
⑧手を握れるような距離感（エスコートしようと手を伸ばした時に拒否されない）
⑨お互いのことを6割程度理解できている

いかがでしょう。イメージできますか。

この9つすべてができていれば、告白は成功します。

全部できていなかったとしても、「8割できてるなー」と思うのなら、勝算はあると思っていいでしょう。

もしできていないところが50％なら、まだあなたの告白は「一か八かのステータス」だと思ってください。

8割できていなかったら諦めたほうがいい、ということではありません。

次のデートで、できていない部分を意識して答え合わせに持っていくことはできますし、仮に3回目のデートで告白ができなかったとしても、チェックポイントが8割できているのであれば、「告白は次回へ持ち越しておく」というのも十分な秘策になります。

告白が失敗する要因はこれ！

いよいよ告白を控えたあなた、もしくは、今後告白のタイミングが来るあなたへ、告白が失敗する要因をお伝えしましょう。

回数を重ねることで、不安を解消するのが女性の考え方です。女性は、心の奥底にあるバケツに、過去の恋愛に対してのトラウマや恋愛の苦い経験などを溜め込んでいます。新しい恋が始まろうとした時に、「本当にこの人で私は幸せになれるのか？」「また恋をして傷ついたりしないか？」を気にしてしまい、この不安が解消されないと、自己防衛本能が働き、急に連絡がなくなったり、冷たくなったりするのです。

この状態のまま告白をしても、大抵の答えは「保留」になります。前項でも伝えたように、「まだ3回しか会ってないから」とか「もっとお互いをよく知ってから」また、「前の恋が忘れられなくて」という理由が出てきます。

たとえ、告白のポイントが8割できていて、デートプランと告白のシミュレーションがうまくいっていても、これが「**告白が失敗する落とし穴**」になります。

告白の落とし穴、不安の解消を理解しよう！

不安の解消から来る「保留」判定を回避するための会話が、**「ダイジェストトーク」**です。ダイジェストトークとは、デートで告白前の食事中にすべきトークのこと。回数ではなく、「どう過ごしたか」にフォーカスを当てる会話のことです。

初めてアプリを見た時、マッチングした時、初めて会った瞬間、初回デート、２回目デートなど、どんな印象で、どんな会話をして、どんな感情になったのか、どう過ごしたかをお互いが回想するトークのことです。

これを映画のダイジェスト版のように、さらーっとまとめて会話してみてください。

本来女性が持ち合わせている女性脳特有の「ビジュアライズ効果」によって、あなたとの思い出を鮮明に思い返すことができます。

いざ告白しよう！と思った時に、過去、現在、未来の話ができていることが大前提。

あとは、付き合ったら「どんなデートになるのか」「どんなハッピーなライフスタイルが待っているのか」を想像できるかどうか。これがポイントになります。

告白のシチュエーションはこれ！

いざ告白をする時に、重要なのがシチュエーション。

昼と夜のデートのどちらが告白に向いているでしょうか。

もちろん、昼間のランチデートより、夜のディナーで告白したほうが成功率が高いことが証明されています。

そしてもう一つ、気をつけなければいけないのが、相手の予定です。

午後3時からのデートが決まり、ディナーまで一緒にいられると思っていたら、夜の20時から友達と約束があるとか、20時までには帰らなければいけない、という状況は避けるべきです。

なぜなら、デートの後に予定が入っていると、落ち着いて決断することができなくなるからです。

なので、デートプランを組む時にあらかじめ、1日の日程を確認しておきましょう。

これも事前準備の重要なポイントです。

もし仮に、どうしても外せない予定が入っているのであれば、急がずに告白は寝かせておきましょう。

そして、ロマンティックなシチュエーションを考えておくことも大事です。

もちろん、ロマンティックであればあるほど、女性に対する真剣度がより強く伝わるでしょう。

重要なポイントは、

①ひと気の少ない場所

②かすかに薄暗い雰囲気

③ロマンティックな雰囲気

この3つです。

告白デートの時のデートメイキングは、きちんとこのポイントを意識して組み立てるようにしましょう。

告白前に忘れてはいけないやるべきこと!

告白前に忘れてはいけないことがもう一つあります。

それは、「保留」された時のことを想像しておくということです。

告白前チェックをして、8割程度クリアしている状態で臨んだ告白デートだったとしても、「即決断」できない女性は存在します。

あなたがもし告白をして、保留されてしまったら、そこでどのような態度や言葉を投げかけますか。

ここで沈黙になってしまったら、せっかくのデートも気まずくなってしまいます。

それを防ぐために必要なのは、告白する前に「**次回のデートの約束を取り付ける**」ことです。

前項で話した、ダイジェストトークで、お互いがどのように過ごしてきたかを認識しあったうえの告白ですが、それでも慎重派の女性や、恋愛にトラウマを持っている女性は即断しないことがあります。

仮に次回のデートを決めていなかったら、「次にデートするまでに答えを出さなきゃいけない！」というプレッシャーを与えることとなり、そのプレッシャーから、次回のデートの約束を先延ばしにする傾向が強いのです。

ですから、保留された時のことも考えたうえで、事前に次回の約束をしておく必要があります。

約束ができていることで、仮に保留になったとしても、「今度会った時は、普通に笑顔で楽しもうね！」と、「答えを急がない」というスタンスを作ることができ、相手にプレッシャーを与えずにすみます。

このような小さいきっかけでリカバリーできるのも、勝算をアップする大きなポイントになります。

最高と最悪の状況を想定してパフォーマンスを出そう！

告白デートでありがちなのが、告白ばかりに気を取られてしまって、今に集中できない事態です。告白することばかり考えて「心ここにあらず」になって、相手の立場になって考えたり、生きたコミュニケーションを取ることが難しくなってしまうのです。

ですから、告白デートをメイキングする時には、必ず最高の結果と最悪な結果の両方をイメージしておいてください。

「うまくいかなかったらどうしよう」とか、「保留にされたらどうしよう」など、先のことを考えて不安になったり、緊張してしまうと、今を全力で楽しむことができません。あなたが全力でデートを楽しめなかったら、同じように相手もデートを楽しむことができなくなってしまいます。良くないことも想像しておけば、冷静に物事を判断することができます。

告白デートは力を入れてしっかりと準備をして、目の前の相手とデートできている幸せを感じながら楽しむことで、最高のパフォーマンスを出せるようにしましょう！

告白のタイミングをつかもう！

さあ、いよいよ告白のシチュエーションが来ました。

告白のタイミングを間違えると、拍子抜けされたり、驚いて答えがもらえなかったりします。大切なのは、今日告白されるかもしれないというシチュエーションを作ること。

最も簡単なタイミングの取り方は、「**プレゼントを渡す**」ことです。

大それたものでなく、相手が好きなものをリマインドプレゼントとして渡しましょう。例えば、「甘いものが好きって言ってたから。〇〇のチョコレートなんだけど、よかったら食べて！」と渡します。

「えー、よく覚えてくれてたね。ありがとう！　うれしい！」と言われたタイミングで、「実はね」と告白をすることができます。

ポイントは、贈り物の内容ではなく、「ありがとう」という間を意図的に作ることです。自然に会話を変えることもできるし、仮に歩きながらのシチュエーションだったとしても、そこで足が止まるため、告白しやすい状況を作ることができます。

告白のセリフはこれ！

さあ、これで完璧なまでの準備ができたあなたに、いよいよ気持ちを伝える告白の時がやってきました。

「ちょっと待てよ？　そもそも告白のセリフって、なんて伝えるのが一番いいんだろう？」

そう思いますよね。わかります。

ここでは、BRIGHT FOR MENで最も成功率の高い告白のセリフをお伝えしましょう。

一番成功率が高いのは、

ストレートに告白する

回りくどく、

「これがこうであれがああで、こんなところが好きで、こんなとこ行きたいから…（中略）…好きです。付き合ってください」

という感じでは、真っ直ぐに相手の感情に響きません。

とにかく、あなたの気持ちをストレートに伝えることです。

「好きです。僕とお付き合いしてください！」

これです。この言葉だけでいいんです。必ずやイエスと言ってくれるでしょう。

だから、あなたとの思い出を回想させる事前のダイジェストトークは必須なんです。


そして、あなたの気持ちに半信半疑だった場合、女性は「私のどこが好きになったの？」と聞き返してきます。

これは出会ってからまだ数回しか会っていてないのに、自分のどこを好きになったのかを確認したくなるのです。

この時、相手の好きなところを3つ伝えることができなければ、保留になってしまう可能性が高くなります。

女性は、ゆっくり恋愛を進めていきたいものだということはお伝えしましたよね。だからこそ、あなたが相手を想う気持ちが本物なのだということを、しっかりと伝えてください。

「相手がどう思うか」ではなく、「あなたがどう思うのか」
この感覚が告白には必ず必要です。

ジョニーワーク9：告白のセリフ

告白前に、相手の好きなところを3つあげてみよう！ それが答えだ！

第7章

長続きする パートナーマネジメント学

長所で惹かれ、ギャップで惚れられ、欠点で愛される！

告白をして晴れて意中の異性とカップルになったあなた。

喜びの感情が高くなり舞い上がる気持ちもよくわかりますが、彼女彼氏になったからと言ってけっして安心してはいけません。

恋愛や結婚はゴールではありません。カップルとしてお互い長く継続していくことが最も難しいのです。

異性と長く付き合うコツを一言で伝えると、

「長所で惹かれ、ギャップで惚れられ、欠点で愛される」

これです。

付き合うまではお互いの長所で惹かれ合い、恋愛成就します。そして、付き合う中ではお互いのギャップを知ることで惚れていき、相手の欠点さえも愛せるようになる。

この章では、長く継続できる彼女との付き合い方、向き合い方についてお話しします。

お互いのマイ憲法を理解しよう！

他人同士が結ばれてカップルになり、他人同士が夫婦となる。そこには、どんな時も忘れてはいけないものがあります。

それはお互いに「**マイ憲法**」を持っているということです。

違う環境で育ち、たくさんの経験や体験を重ねてきたことで作り上げられるのが「マイ憲法」です。

今まで自分だけの「マイ憲法」にのっとって一人で過ごしてきた二人がうまく付き合っていくためには、すべてにおいて、二人のマイ憲法同士のすり合わせをしなければなりません。

別れや離婚の原因の第一位は「性格の不一致」です。

つまり、お互いのマイ憲法という価値観が合わず、寄り添う努力をせずに、お互い主張し合うことによって、軋轢が生じ、性格の不一致という結末になってしまうのです。

または、気になるところがあるのに、関係を壊すのを恐れ、伝えたいことを無理におさえこんでしまう場合もあります。

良好なパートナーシップを築くのは、彼女を作ることよりも難しいものです。

イラッとしたり、怒ってしまったり、価値観が違って悩んだり、共感してもらえず落ち込んだり、さまざまな壁が立ちはだかってきます。

慣れ親しんだ仲なのに…、お互いを理解していると思っていたのに…、どうしてなんだろう？

そんな時は「**感情のチューニング**」です。

音域をチューニングするように、ちょっとしたマイ憲法の違いから微妙にズレてしまったお互いの心をチューニングして、周波数を合わせてみてください。

周波数を自分から合わせれば、あとは音合わせをするだけです。

そのまま放置してしまい、最後に傷つく前に、度々振り返ってみることを忘れずに。

頻度の法則に気をつけよう！

付き合い始めてからしばらく時間が経つと、「最近、彼女への愛情表現が少なくなってるな」と思うことはありませんか。

彼女に「愛されている気がしない…」と感じさせてしまうと、この感情が火種となり、別れへと発展してしまう可能性が高くなりやすいので気をつけましょう。自分ではそんなつもりはない。だけど女性は自分の都合の良いように勘違いすることが多いのです。

これが彼女との「頻度の法則」です。

そこで、彼女に対する愛情表現を振り返るために、彼女が「愛されている気がしない」と感じる９つの頻度を紹介しておきます。

①接触頻度（**会えない期間が次第に長くなる**）
１週間のデートが、２週間おきや１か月おきなど、会えない期間が次第に長くなるパターンです。

２人で共有する時間が増えれば増えるほど、思い出を作ったり、考え方を理解したりするキッカケが多くできます。会えない期間が長くならないよう、一定の頻度を保ったほうがいいでしょう。

②メールの頻度（メールの返信が遅れがち）

お互いのＬＩＮＥの頻度はわかっていると思います。付き合いたての頃は、即座にメールの返信をしていたものの、付き合いが長くなるに従ってメールの返信が遅れがちになるパターンです。付き合ったばかりの頃との違いから、「釣った魚にエサをやらないタイプ」だと思われる可能性があります。彼女のメールに手を抜いてはダメです。相手の頻度に合わせた返信の頻度を心がけましょう！

③寄り添う頻度（悩みをしっかりと聞かない）

彼女の悩みに耳を傾けないパターンです。馴れ合いの日々が続くと、耳を傾けているようでちゃんと聞いていない〝上の空〟の返事になってしまうことがあります。危険です。彼女が自らの悩みについて、率先して言い出せない状況も考えられます。彼女の様子を観察し、変化を感じたら気遣うなどの配慮をしてあげてください。寄り添う頻度は大切です。

④優先順位の頻度（デートを簡単にドタキャンする）

彼女に対して深く謝罪することなく、軽いノリでデートを急にキャンセルするようになるパターンです。この行為が繰り返されると、彼女に「自分の優先順位が低い」と感じさせる恐れがあります。仕方がない理由でデートをキャンセルする場合には、しっかりと謝罪したうえ、埋め合わせとなるようなイベントや代わりのデートプランの提案をしましょう！

⑤共感の頻度（デートの別れ際に「寂しい」と言われても平気な態度）

デートで別れる時に、二人の気持ちの違いが明らかになるパターンです。

デートの別れ間際は寂しいものです。彼女の寂しさに理解を示さず、平気そうな素振りを見せると、彼女に「愛されている気がしない…」と感じさせてしまう可能性があります。彼女の気持ちをくみ取り、「寂しいね」「次、会う日を楽しみにしてるね」と、彼女が思っているであろう心境を先に言葉で示し、共感することを意識しましょう！

⑥好きの頻度（「好き」と言わない）

付き合ったばかりの頃、何度も言っていただろう「好き」というメッセージが、極端に減ってしまい、彼女が「愛されている気がしない…」と感じるパターンです。付き合いが長くなることで、改めて「好き」というメッセージを伝えることに抵抗を感じる人もいると思いますが、彼女の不安を取り除くためにも、たまには声に出して「好き」と伝えましょう。言われて嫌がる女性はいません！

⑦サプライズの頻度（彼女の誕生日イベントに手を抜く）

仕事の忙しさなどを理由に、彼女の誕生日イベントに手を抜いてしまうパターンです。さらにはプレゼントをしなかったり、「おめでとう」を言わないまま誕生日を過ごしたりすると、「好きな人を喜ばせたい」という思いやりをあなたから感じることができず、彼女の気持ちが冷めてしまう恐れがあります。何度目であっても、彼女の誕生日イベントは気合いを入れて企画しましょう。

⑧目配り・気配り・心配りの頻度

付き合ったばかりの頃は、「寒くない？」「大丈夫？」などの気遣いの言葉をかけたり、相手の気持ちになって行動をしていたはずが、いつの間にかお粗末になってきてしまうパターンです。髪型やネイル、香水など、小さな変化に気づく頻度が落ちるのも同じです。

デート中はもちろん、会えない時こそ、相手の立場になって考えられる彼氏であり続けてください。

⑨３Ｋの頻度（興味・共感・肯定を忘れる）

付き合いはじめは常に３Ｋを意識して、「興味」「共感」「肯定」をしていたのに、慣れてくると、彼女の考えに対して、「でもそれは」「いや、逆に」「そうかなあ」など認めるべきところで、意図せずして否定してしまうパターンです。

人は「認められる」ことに「癒し」を感じるものなので、あなたに行動や言動を否定され続けると、いつの間にか彼女の気持ちは冷めて離れていってしまいます。

もう一度言います。上記の９つの頻度は、知らない間に減ってしまいがちです。付き合ってからこの状況になる前のタイミングで、何かしらの「愛の気持ち」を相手に伝えていくことが重要です。

この９つの頻度を意識しつつ彼女と向き合っていくことで「急な感情の冷め方」や「突然のお別れ」を防ぐことができ、かつ、より良いパートナーとしてお互いの仲を深めることができるのです。

喜怒哀楽デートのバランスを理解しよう！

付き合いはじめのデートは、喜ぶことや楽しむことを優先すると思います。

このようなデートを僕は「**喜楽のデート**」と呼んでいます。

もちろん、お互いのことをまだまだ知らない間は、ドーパミン効果によって細かいことが気になりません。

この状態で、毎回喜楽のデートを楽しんでしまうと、ドーパミン効果が切れたと同時に、恋の賞味期限が切れてしまうということが起こりうるのです。

それを防ぐためには、このドーパミン効果のある3か月の間に、喜怒哀楽の「**怒哀**」の共有をすることです。

あなたの過去の辛かった経験や、ちょっとした弱点などを隠さずに話し、相手と「怒哀」を共有することを喜怒哀楽の法則と呼んでいます。それによって、「こんなはずじゃなかった」を防ぐことができるのです。

恋のKPT（ケプト）を試そう！

僕は、初めて付き合った彼女とは1年弱で別れました。

ある日、急に電話がかかってきて、別れを告げられたのです。

彼女に別れの理由を聞いても、「何も悪いところはない」と言われました。

何が原因だったのか、その後、自分でいろいろ考えました。そのなかで、別れの理由の一つだと考えたのが「けんかを一度もしなかった」ということです。

それまで僕は、けんかをしないことは素晴らしいことだ、と思っていました。けんかをしないですむなら、しないほうが絶対にいいと思っていました。

しかし、悪い意味で、あまりに優しすぎたため、一度もけんかをしなかったし、相手への不満や気になることを言わないでいました。そうすると、いつしか相手も同じように、僕への不満や嫌なところを一切言わないようになっていました。

結局、彼女は心に僕への不満を少しずつ溜めながら、最後「別れる」という手段で静かに爆発させたのです。

ここで初めて、僕は「**けんかには意味がある**」ということを知りました。

もちろんけんかというのは一例で、ベストなものではありません。要は、けんかが相手への不満や嫌なところを打ち明ける場になるということなのです。実はけんかのメリットがここにあるのです。

とはいえ、意識的にけんかをするわけにもいかないですよね。そこでビジネスで使う効果的な振り返り手法のKPTをご紹介したいと思います。

この手法を恋のKPTとして取り入れ、長続きするカップルが増えました。

KPTとは、

K＝KEEP　いいところ　これからも続けたいところ
P＝PROBLEM　問題に感じているところ　不満　漠然とした不安、悩み
T＝TRY　問題に対する具体的な改善策

この3つについて、時間を設けて話し合う手法です。

僕も定期的に妻とやっていて、とても効果を感じています。

恋のKPTは、「不満や問題に感じていることを言っていい場だよ！」って明言することで、普段は言いにくい問題点についても指摘しやすくなります。

ポイントは、Pの前にKを言っていること。いいところをたくさん言っておくことで、Pを言う前のクッションになりますし、「自分のこんなところをいいって思ってくれてたんだ」っていう重要な気づきにもなります。

恋人が発展してやがて夫婦になり、家族になる。僕は常々、家族と会社には結構共通点があると思っていて、KPTが仕事上の人間関係のモヤモヤを解消してくれるように、家族間のモヤモヤも解消してくれそうだなっていうのが、発想の原点でした。

僕のようにKPTをそれぞれ付箋に書いてお互い共有してもいいですし、LINEのノートで共有するというのもいいと思います。

いきなり「恋のKPTやるぞ！」って彼女に言っても、「何？」ってなると思うので、「なぜやるのか？」をしっかり説明してくださいね。

ジョニーワーク10：恋のKPT

仕事でKPTっていう効果的な振り返りの手法をする研修があって、恋人同士でも使えるみたいなんだ。一緒にやってみない？

適切な距離感を保とう！

パートナーに依存しすぎないことも大切です。

相手は自立した大人です。一人の人間として、精神的、経済的に自立を目指しながら、時には頼る、甘える、任せる（任せきる）といったバランスが必要です。

「週1回はデートをしたい」「毎日ＬＩＮＥは欲しい」「1日おきに電話で話したい」そう求めてくるタイプの彼女もいるかもしれません。

あなたも同じタイプで、自然にそれができるなら、それで問題はありませんが、一人の時間が必要だったり、生活のすべてが恋人になるのが苦手な男性もいるはずです。

そんな時は、きちんとお互いの恋愛に対する価値観を共有するようにしましょう。

無理して相手に合わせすぎると、お互いに辛くなってしまいますからね。

相手の価値観を確認したうえで、あなたの価値観も徐々に伝えていくことが、長く継続する秘訣です。

ケンカのＮＧワードはこれ！

米国テキサス大学のテッド・ヒューストンが１４５組の夫婦に行った13年間にわたる追跡実験によると、「よくけんかをする夫婦より返事をしない夫婦のほうが、離婚率が高い」という興味深い結果が出ています。

「対立よりも無視のほうが危機の要因となる」ことが立証されたということです。

口ゲンカはしてもいいですが、無視をするのはやめたほうがよさそうですね。

長く続く付き合いのなかでは、時にケンカも関係性を深めてくれるスパイスとなりえます。

「継続力」の高いカップルはケンカ上手でもあります。

感情が高ぶってケンカになることが多いのですが、それだけ相手のことを思っているということです。

「他人なら気にしないことも、好きだからこそ伝えたい」その気持ちを抑えてしまうと、やがて無理がたたって別れを招きます。

恋人同士のケンカは勝ち負けではありません。

お互い言いたいことを言って、すっきりした後は、笑って謝り合える。そんなケンカがベストです。

では、絶対にしてはいけない会話のNGワードを紹介しておきましょう。

①人格否定（お前、人としておかしい！　そんな常識もわからないの？）

②他人と比べる（昔の恋人はこんなことをしてくれた。母はこんなだった）

③相手の身内を悪く言う（あなたのお母さんおかしいよね）

④努力しても変えられないことをあげつらう（身長、年齢、容姿など）

⑤過去のことを蒸し返す（だいたい前もあったよね。これ何回目か知っている？）

この５つです。

この５つのネタでケンカをしてしまうと、修復が難しくなってしまいます。

くれぐれも気をつけましょう。

３６９の法則を理解しよう！

僕らの恋活・婚活学校BRIGHT FOR MENは、スタートしてから丸5年になりますが、彼女ができたのに別れてしまったメンバーの統計を取ってみたところ、３か月目62％、６か月目21％、９か月目17％で別れる、という結果が出ました。

つまり、「別れるタイミング」という名の波は、付き合ってから3か月目、６か月目、９か月目に訪れやすいということなんです。

その別れた理由をまとめたところ、

３か月目　性格の不一致
６か月目　頻度の低下
９か月目　恋愛観の違い

となりました。

前項でも伝えたように、３か月間という期間は、ドーパミン効果によって、小さいことが気になりません。ところが、ドーパミン効果が低くなってくるタイミングで、欠点だけが目につくようになり、急に別れが訪れるのです。

そして、半年すぎたあたりで、「慣れという小悪魔」によって頻度が下がり、このまま一緒に過ごしていくメリットを感じなくなります。ここでまた別れのタイミングが訪れます。

最後の9か月目ですが、3・6か月を乗り越えた先に待っているのが、「恋愛観」の違いになります。この恋愛観とは、「結婚を視野に入れているか」「結婚意識があるかないか」ということも含みます。お互いの恋愛観を共有し、向き合うことができないと、「好きだけど恋愛観が違う」ことが理由となって、別々の人生を歩むという決断に至ります。

これらを防ぐためにしておくべきことが、3か月以内に「怒哀の共有」、6か月以内に「第三者を巻き込む」、9か月目に「恋愛観と結婚観の共有」の3つです。

特に3か月目を乗り切った後は、友達や親友、同僚などといった、お互いの近しい存在に会わせていくこと、そして、お互いの理想の関係性や価値観、さらには将来の人生観についても共有することでマンネリ化を防ぎ、ステップアップしていくような付き合い方ができるようになります。

幸せサイクルの作り方をマスターしよう！

この３６９の法則を理解したうえで、どのようにしたら、別れのタイミングを免れて、長く継続していけるのか、考えてみましょう。

Love Communication Intelligence Quotient（ＬＣＩＱ）における、恋愛に必要な６つの力とは、**自己認識力、表現力、楽転力、共感力、魅了力、維持力**です。

その中で、ここでは、恋愛関係を継続するために必要な「維持力」についてお話しします。

彼女と付き合う前は、

「相手に振り向いてもらうためにお洒落になる」

「モテるために筋トレをする」

「振り返ってもらいたいからコミュ力を上げる」

などをモチベーションにして行動していたと思います。

でも、実はこれはすべてベクトルが自分に向いている磨き方ですよね。

お付き合いが始まった後に必要になるのは、ＦＯＲ ＹＯＵの自分磨きです。なぜなら、恋愛がうまくいくと、世界がそれまでとは全く違って見えてくるからです。今までは一人で人生の選択をしてきたと思います。どこかへ出かける時も、何かを食べる時も、何かを買う時も、すべての行動は自己判断で決めていましたよね。それがカップルの関係になると、相手の立場になって考える力を養う必要が出てきます。相手が喜ぶであろう場所を選択してみたり、相手と話し合ってお出かけのプランを作ったり、相手の趣味趣向に興味をもって試してみたり。

付き合ったら何事も二人になる。相手が求める存在に近づく努力こそ、ＦＯＲ ＹＯＵの自分磨きだと思ってください。

お付き合いが始まっていない時に一人で自撮りをすれば、ただのナルシストですが、カップルになって一緒に自撮りをすればハピネスになる。

独り身の時に公園のベンチでお弁当を食べてたらロンリネスですが、カップルになって二人でベンチでお弁当を食べたら、ロマンスになります。

常に相手の立場になった言動や行動ができるようになることが、長続きする秘訣です。

だからこそ、何が好きで何が嫌いか、お互いの長所と短所を理解し、相手の欠点さえも愛せるようになることで、仕事も頑張れるし、毎日をポジティブにイキイキと過ごすことができる。

その気持ちを受け止めた彼女は、「ありがとう」と感謝の気持ちを返してくれる。対価としてその喜びが得られることで、さらに仕事やプライベートなど、充実した日々を過ごすことができるようになります。

これが幸せのサイクルになるのです。

他人と過去は変えられないが、自分と未来は変えることができます。

恋愛が成就するために、デートの勝算を実践し、出会い、恋愛成就、そして幸せな継続できるカップルになれるように、あなたがあなた自身に期待をしてくださいね！

僕も心からあなたの成功を願っています！

□ 1件目のお店は予約できているか
□ 2件目のお店を考えたか
□ 財布に余計なものは入っていないか
□ カバンに不要なものは入っていないか
□ メッセージのやりとりを読み返したか
□ 相手の好みを考えたデートプランを立てているか

デート当日
□ 髪のセットはできているか
□ 髭の剃り残しはないか
□ ファッションは整っているか
□ 香水はつけたか
□ ハンカチは持ったか
□ ブレスケアは持ったか
□ 携帯の充電は十分か、もしくはポータブル充電器を持ったか
□ 電子マネーにチャージしてあるか
□ 遅くても5分前には待ち合わせ場所に到着できるか
□ お店までの行き方は確認済みか
□ ジェントルマンの行動のイメージはできているか
□ テカリ防止用品は持ったか
□ 発声練習はしたか
□ 笑顔の練習はしたか
□ 相手の褒めるポイントを考えたか
□ 制汗剤はつけたか
□（当日の天候に応じて）待ち合わせ場所の変更を伝えたか
□（デート前に食事の予定がある場合）歯磨きセットは持ったか

付録1　デート前チェックリスト

デート前

- □ デートマインドマップを作成できたか
- □ 相手の好みを考え、苦手なものを聞いてお店を選んだか
- □ 靴を脱ぐ店ならば、その旨を伝えたか
- □ 食べログのURLなど、送ってしまっていないか（価格帯など伝わったらダメ。当日まで女性をワクワクさせること）
- □ 歩くデートなら、「ヒールだとしんどいかも」など、気遣う連絡はしたか
- □ お店に時間制限などがないか確認したか
- □ 二日酔いになりにくいサプリなど準備したか
- □ 話のネタのために、話題のアプリはダウンロードしたか
- □ 話のネタのために、「都市伝説」「サイコパス」「ゴシップネタ」「クイズ」「小ネタ」「ゲーム」「謎解き」などは仕込んだか
- □ 話のネタのために、パワースポットや手相の知識は入れたか
- □ 女性が使っているLINEスタンプをさらっと買って同じものを使ったか

デート前日

- □ 前日LINEはしたか
- □ 明日の洋服は決めたか
- □ 洋服の汚れやしわはないか
- □ 明日履く靴は汚れていないか
- □ カバンの汚れはないか
- □ お店の予約は取れているか
- □ 爪は伸びていないか
- □ 鼻毛は出ていないか
- □ 眉毛は整っているか
- □ 体毛（手、腕、スネ）は伸びすぎていないか
- □ 相手のプロフィール情報を再確認したか
- □ デート中の会話のイメージはできたか

□ 表情は豊かだったか
□ 常にポジティブでいたか
□ 相手の話にバックトラック、興味・共感・肯定できたか
□ 共通点探し・合わせはできたか
□ 会話のキープ率は30%に保てたか
□ 自己開示はできたか
□ 感情の共感はできたか
□ 敬語は外せたか
□ 恋愛観トークはできたか
□ 好きのほのめかしはできたか
□ 外見を褒めることができたか
□ 内面を褒めることができたか

男らしさ

□ 料理のメニューは迷わず決められたか
□ 堂々とした態度でいたか
□ 姿勢は良かったか
□ 余裕を持っていたか
□ 相手の話をすべて受け止める姿勢でいたか
□ 将来の目標など、夢のある話ができたか
□ 過去の話など、粘り強く物事に取り組んだ姿勢などの話ができたか
□ 共感しつつも自分の意見を伝えられたか
□ 次の約束を取り付けられたか
□ デート後に自分から、感想と褒め言葉を交えて送ったか

付録2　デート振り返りチェックリスト

優しさ

□ 時間前には到着していたか
□ 車道側を歩く、もしくは車が来たら守る動作はできたか
□ エスカレーターでは自分が下にいたか
□ エレベーターでは、乗り降り時に「開くボタン」を押すなどして、適切な動きができたか
□（相手の荷物が大きい場合）荷物を持ってあげたか
□ 相手のコートをハンガーにかけたか（預かってくれない場合）
□ 相手がコートを脱ぐとき、着るとき、後ろに回って手伝ったか
□ メニューを女性の方に向けていたか
□ 料理を取り分けたか
□ グラスの空きに気付けたか
□ 箸、スプーン、フォーク、おしぼりなどを差し出せたか
□ 暑さ、寒さ、体調の気遣いはできたか
□ 足元が悪いところ、階段で手を差し出したり、注意の言葉をかけられたか
□ 相手がお手洗いに行っている間に会計を済ませたか
□ ドアを支えたか
□ 相手に歩かせすぎていないか。長い距離を歩く場合、タクシーを利用したか
□ 歩調を合わせたか
□ 話すペースを合わせたか
□ 聞く姿勢中心でいられたか

会話

□ 真面目な話だけでなく、フランクな話もできたか
□ 会った瞬間、笑顔で目を見て挨拶ができたか
□ 下の名前でお互いに呼び合えたか
□ テンション（声のトーン、大きさ、抑揚）は低くなかったか
□ 大きなリアクションはとれたか

観劇デート

・ルミネ the よしもと
・浅草演芸ホール
・歌舞伎座
・新宿末廣亭

ブックカフェでのんびりデート

・文喫
・中目黒 蔦屋書店
・神保町ブックセンター
・BOOK AND BED TOKYO

雨の日でもアクティブデート

・空の向こうへ四足歩行
・東京ドーム ローラースケートアリーナ
・ラウンドワン
・BAGUS

雨の日の一味違う刺激的なデート

・ダイアログ・イン・ザ・ダーク
・Brave Point 台場店
・明治神宮前外苑アイススケート場

おすすめ商業施設デートスポット

・六本木ヒルズ
・東京ミッドタウン
・東京ミッドタウン日比谷
・東京ミッドタウン八重洲
・東京ソラマチ
・サンシャインシティ
・東京ジョイポリス

付録3　体験型デートスポットリスト（東京近郊）

ピクニックデート
ドライブデート
映画館デート
舞台鑑賞デート
まち歩き散策デート
動物園デート
海水浴&プールデート
山登りデート
スノボー&スキーデート

展望台デート
・六本木ヒルズ展望台
・スクランブルスクエア 渋谷SKY
・東京タワー
・東京スカイツリー

プロジェクトマッピング
・麻布台ヒルズ チームラボボーダレス
・チームラボプラネッツ TOKYO DMM

水族館デート
・マクセル アクアパーク品川
・すみだ水族館
・サンシャインアクアリウム
・カワスイ
・八景島シーパラダイス水族館
・新江ノ島水族館

美術館&博物館デート
・国立科学博物館
・東京国立博物館
・国立新美術館
・国立西洋美術館
・江戸東京博物館
・岡本太郎記念館
・森アーツセンターギャラリー
・カップヌードルミュージアム
・アートアクアリウム銀座
・三菱一号館美術館
・相田みつを美術館
・Bunkamura ザ・ミュージアム

温泉デート
・東京ドーム天然温泉 Spa LaQua
・庭の湯
・庵スパTOKYO

プラネタリウムデート
・コニカミノルタプラネタリウム“満天”・“天空”
・ドームシアターガイア
・コスモプラネタリウム渋谷
・プラネタリアTOKYO

あとがき

恋愛心理学や恋愛テクニック、恋愛マインドの本はたくさんあれど、ありそうでなかった、デートの組み立て方の本を書き上げてみて改めて思うのが、恋愛には答えがあるということです。

カタチのないものをどのように理論立てるのか。

恋愛の本質を体系化したいと悩んでいた僕に大きな気づきを与えてくれたのが、本書でも引用させていただいているＬＣＩＱ（Love Communication Intelligence Quotient）の第一人者である一般社団法人日本ブライダルソムリエ協会代表理事の柏木経子先生でした。

過去には僕自身も悩んでいた時期がありましたが、柏木先生のご指導のもと、ＬＣＩＱを学んだことで、今ではＬＣＩＱ師範として活動し、１００名以上のＬＣＩＱ診断士を輩出するまでになりました。このような経験を積んできた僕だからこそ、デートの作り方にはマニュアルがあるし、「恋愛には答えがある」と言えるようになったのです。

デートプランの作り方って、脚本やシナリオと一緒なんですよね。

優れたドラマや映画は脚本が決め手。物語の結末を考えずに書き始める脚本家はいないのと同じで、デートも脚本作りなんです。結末を考えてから書き始めるから、クライマックスや、一番いいところで、to be continuedになるから、気になって、次回作が待ち遠しくなる。デートでもしっかり結末の脚本を書くからこそ、デート自体に深みが出て、相手の本質的な部分に興味を持ち、良いデートができるようになる。

あなたも、これから出会っていく素敵な女性とのデートが決まったら、6章から逆算して1章まで遡ってデートを作ってみてください。これが本当の意味での逆算デート術の活用方法になります。

そうすれば、相手のことを本質的に捉えるようになり、いつの間にか、面白いようにデートがうまくいき、恋愛成就へのステップを踏めるようになるでしょう。

とは言え、本書を実行してもすぐにうまくいかない時もあるでしょう。でもね、わかっておいてもらいたいことが一つだけあるんです。それは、「痛みがなければ成長しない」ということ。痛みは成長している証拠なんですよね。

例えば、あなたが「パーソナルジムへ入ろう！」と決心した時のゴール設定はなんですか？「筋肉ムキムキになって、カッコ良くて丈夫で健康な体をつくるんだ！」と目標を立てるでしょう。でも、ただ頭の中で考えているだけでは1ミリも変わらない。そう、楽して成果が出るわけはないですよね。

だからといって、知識だけ詰め込んで座学という勉強だけでもダメです。いくら正しい筋肉の付け方、有酸素運動の効果などを理解して脳内シミュレーションをしたとしても、運動しなければ筋肉はつかないってことは、誰でもわかっている話です。

腕立て伏せを頑張ると筋肉痛になりますが、筋肉痛を感じるからこそ成長している自分を信じることができるんです。逆に筋肉痛にならなかったら、「このまま続けて本当に大丈夫？」と自分自身を信じられなくなるはずです。

同じように、「理想の女性とデートしたい」「理想の彼女を作りたい」「カッコいい人間になりたい」「みんなから頼られる人間になりたい」「認められたい」「趣味を増やしたい」「友達増やしたい」「理想の人生を歩みたい」など、目的はなんでもいいですが、「今日より明日、良い男」というBRIGHT FOR MENのスローガンのように、現状よりも高みを目指すのであれば、今よりも経験値を積まなければいけないのです。

ところが、「なりたい自分像」の理想はできたものの、負荷からは逃げまわってしまう「もう一人の自分」が必ずいます。失敗したくない、恥ずかしい思いをしたくない、傷つきたくないという気持ちから、潜在意識にあるもう一人の自分がブレーキをかけてきます。これは、努力はしないけど、誰もが羨む筋肉を身につけたい！と思っているのと同じです。

デートってそもそも楽しむものであるはずなのに、実際はデートで失敗して、楽しむどころか気まずくなっちゃったり、傷つくこともあるし、思うようにうまくいかなくて、辛い時も必ずあります。そりゃ当然です。誰しもが簡単にうまくいくとは限らないです。

でも、焦る必要はないです。何が良くて、何が悪かったのか。きちんと理解するデートの振り返りができていれば、問題なく自己成長をしていきます。

うまくいかない時は、理想の彼女を作るための自己成長中だと思ってください。失敗は「挑んだ」証拠であり、「自己成長」へ繋がる「糧」となります。

失敗するのを恐れて、出会いの場に行かなくなったり、行動しなくなったり、アプローチするのをやめてしまっていては、見逃し三振と同じことになります。

それでも、もしあなたが、自己成長中に辛くなったり、投げ出したくなるようなことがあったら、本書を手に取ってください。

頑張っても結果が出なかったり、実践しても心が折れてしまうこともあるかもしれません。そんな時のために、僕に直接質問ができる公式ＬＩＮＥを用意しました。

本の感想でも、質問でも、あなたの悩みでもなんでも結構です。

一人ひとりに向き合って回答させていただきます。

また、本書を図解式にした「図解式！キングオブデート」も併せてあなたにプレゼントします。ぜひ受け取って理解を深めてください！

この本があなたのバイブルになれたら、こんなうれしいことはありません。

自分を信じる。それが本当の自信です。この逆算デート術を実践して、あなたの中のキングオブデートを目指していきましょう！

２０２１年９月

恋愛脚本家　ジョニー

著者紹介

恋愛脚本家 ジョニー

BRIGHT FOR MEN デートメイキング講師
LCIQ診断士（Love Communication Intelligence Quotient）
JADP認定 メンタル心理カウンセラー

2005年から「記憶に残るデートの脚本」デートメイキングをはじめ、19年間で6000組以上の男女にデートプランを提供。主観で恋愛を語りたくないと考え、日本ブライダル・ソムリエ協会でLCIQを学び、LCIQ診断士となる。同時にメンタル心理カウンセラーの資格も取得。6年前にBRIGHT FOR MEN 代表の川瀬氏と出会い、デートメイキングの講師として参加。現在は、男を磨く恋活・婚活学校「BRIGHT FOR MEN」にて科学的根拠と実績を基に的確なアドバイスを行い、これまで550組以上のカップルと120組以上の成婚者を出している。

誘い文句のあるお店を紹介する「Johnny Salon」
facebook.com/groups/1816807815024418
「DateBook/本当は教えたくない厳選デートのお店」
instagram.com/datebook.japan
男女が一緒に恋愛を学ぶオンラインサロン「Love College」
love-college.jp

キングオブデート

2021 年 9 月 18 日　初版 第 1 刷　発行
2024 年 2 月 1 日　初版 第 2 刷　発行

著　　者　ジョニー
カバー・本文イラスト　金井　淳
装丁・本文デザイン　PINE　小松 利光
発 行 者　安田 喜根
発 行 所　株式会社 評言社
東京都千代田区神田小川町 2-3-13 M&C ビル 3F
(〒101-0052)
TEL 03-5280-2550(代表)　FAX 03-5280-2560
https://www.hyogensha.co.jp
印　　刷　中央精版印刷株式会社

ISBN978-4-8282-0726-1　C0095
定価はカバーに表示してあります。
落丁本・乱丁本の場合はお取り替えいたします。